# 客户联络中心的人才培养与发展

## Talent Training and Development of Customer Contact Center

孔剑云◎著

中国纺织出版社有限公司

## 内 容 提 要

本书结合作者近20年客户联络中心培训和人才发展的工作经验，系统地介绍了基于“双轨制”思想而建设的客户联络中心人才培养发展体系，分享了客户联络中心专业条线和管理条线的双轨制人才培养的各项实战案例，为客户联络中心行业人才培养发展提供有效的借鉴。

**图书在版编目（CIP）数据**

客户联络中心的人才培养与发展 / 孔剑云著. -- 北京：中国纺织出版社有限公司，2022.7
ISBN 978-7-5180-9366-3

Ⅰ. ①客… Ⅱ. ①孔… Ⅲ. ①企业管理—销售管理—人才培养 Ⅳ. ①F274

中国版本图书馆CIP数据核字（2022）第034706号

---

责任编辑：闫 星 责任校对：高 涵 责任印制：储志伟

---

中国纺织出版社有限公司出版发行
地址：北京市朝阳区百子湾东里A407号楼 邮政编码：100124
销售电话：010—67004422 传真：010—87155801
http://www.c-textilep.com
中国纺织出版社天猫旗舰店
官方微博 http://weibo.com/2119887771
三河市宏盛印务有限公司印刷 各地新华书店经销
2022年7月第1版第1次印刷
开本：710×1000 1/16 印张：11
字数：138千字 定价：98.00元

---

# 前言

“客户联络中心是做什么的？”这是很多不熟悉这个行业的人，在听说客户联络中心后最初的反应。面对这样的问题，有人说客户联络中心就像是电信10000号，或者像是银行客服热线。于是，不了解的人就想当然地认为，客户联络中心的员工从事的是接电话的职业。

这个答案不能算错，但它离客户联络中心的真实差距颇远。

什么是客户联络中心？“客户联络中心是一种合成了语音与数据通信、数据处理、图像技术的业务，它是为整个组织实施降低成本、增加收入的关键性战略战术的重要组织。”这个是当年给新人培训时用的解释。从这个解释中，我们可以看到，客户联络中心并不是一个简单的“接电话”的职业。相反，它是带有一定技术含量的新兴产业，客户联络中心离不开信息技术，它始终在应用着最新的信息科技成果。客户联络中心也不仅只是提供电话服务，现在的互联网平台，大数据平台，在它们身后就是各式各样大小不一的客户联络中心在做支撑。所以，就像曾经看到的业内同人说的，客户联络中心是一种知识劳动密集型行业。

知识劳动定义了客户联络中心从业人员的素质，它并不是随便拉一个人就能做的活儿。这个行业对从业人员来说，是有自己的标准定义和衡量指标的。

但很可惜的是，现如今，大多数客户联络中心的员工并不认可自己是知识劳动者。相反，他们对“劳动密集型”的认可度更高。这样的自我认知导致了这个行业的共同认知度过低，行业流失率偏高，行业人才的沉淀和培养发展相对滞后。所以，如何提升客户联络中心的人员稳定性，促进员工成长和职业发展一直都是行业关心的话题。

这些年来，作为行业的“老司机”，结合自身在行业近20年的人才培养经验，本人在行业刊物上也陆续发表了几十篇讨论客户联络中心人才培养和发展的文章。但是，单纯的一篇篇文章总觉得太零散了，不够体系化。因此，决定基于这些文章，再结合自身经验，完完整整地写一本关于客户联络中心人才培养和发展的书。这既是对自己工作的经验总结，也算是对整个行业尽一份微薄之力。

说起对客户联络中心人才培养和发展的个人经历，最初的时候，大概在2006年吧，当时我还在上海电信商客热线工作。那个时候，我提出了“分层培训体系建设”的理论，并将初步实践的结果整理成文后在行业期刊《客户世界》上发表，那也是我发表的第一篇和客户联络中心培训相关的文章。到了2009年前后，基于分层培训体系，我在当时在职的公司推动了“客服职业资格认证”项目，同一时期还尝试了质检认证、班组长认证等一系列和客户联络中心员工职业发展相关的认证项目。当时的人才培养思想是：纵向发展是从一线客户专员到主管的成长过程；横向发展是从一线客户专员到质检或培训等岗位的发展。再之后，我做了两年咨询工作，又接触了些非客户联络中心行业相应人才发展的思想和方法，最终于2016年在安吉星，和人事部门合作正式推行了客户联络中心人才培养和发展的“双轨制”。所谓双轨，就是职业发展的两条线——管理条线和业务条线。由于两者的专业技能要求和职业素质要求都有明显区别，所以在人才培养上，从一开始就要做出区分，这样才能更好地培养出符合不同岗位任职标准的合格人才。“双轨制”就是基于这样的认识而生成的人才培养制度。“双轨制”不是一个单独的管理条文，而是由一系列人才培养的规则和方法组成。本书将以此为基础将我对客户联络中心人才培养与发展的想法和实践予以归纳总结。

本书由5个部分组成。第一章主要从用人的角度来聊聊客户联络中心的员工，他们究竟是怎样的一群人？他们自身有什么成长诉求？第二章着重介绍基于“双轨制”的人才培养与发展体系，这一体系究竟包含了哪些组成部分？第三章讨论了培训与发展部门在客户联络中心的角色，培训师们自身的工作和成长。第四章从业务条线出发，介绍从新员工到资深员工的培养实践。第五章从管理条线出发，介绍管理人才的培养实践。在这些章节中，有的还会附带培训实践小案例，算是一种补充。最后一个单章，是我对未来的客户联络中心学习生态建设的构思。除了以上正文部分，本书还有一个附录，主要收录我曾经发表过的其他管理实践文章。

最后，要感谢以往工作中一起合作过的各位同事，是你们让我有机会搭建并实施自己的培训理念，更要感谢家人对我工作一如既往的支持，谢谢大家！

孔剑云

2021年12月

# 目录

# 第一章
# 认识你的员工

人才培养，培养的是人。不同行业的用人都有其独有的诉求和特点。那么，作为客户联络中心，这个行业的从业人员又有什么不同呢？

## 第一节　客户联络中心的前世今生

客户联络中心，这不是一个新兴的行业。早在20世纪50年代，世界上最初的且具备一定规模的客户联络中心就已经在美国出现了。不过，当时并不叫客户联络中心，而是称为“呼叫中心”。为什么呢？因为在那个年代主要的联络方式是以电话通讯为主，直到21世纪，随着互联网技术的普及和发展，呼叫中心因其与客户接触的渠道变得更加宽泛，所以，行业里对自身的称呼也逐渐开始转变为客户联络中心。

我们再把视线回到20世纪50年代，最早的呼叫中心行业应用出现在航空行业，主要用于向顾客提供机票预订等服务。随后美国的部分电信企业也开始建立了自己的呼叫中心，并在这个行业里最先推出用于营销的外呼型呼叫中心。在20世纪60年代末的时候，第一个被叫付费业务的呼叫中心在美国出现，由此开始了呼叫中心行业大规模发展的时代（图1–1）。

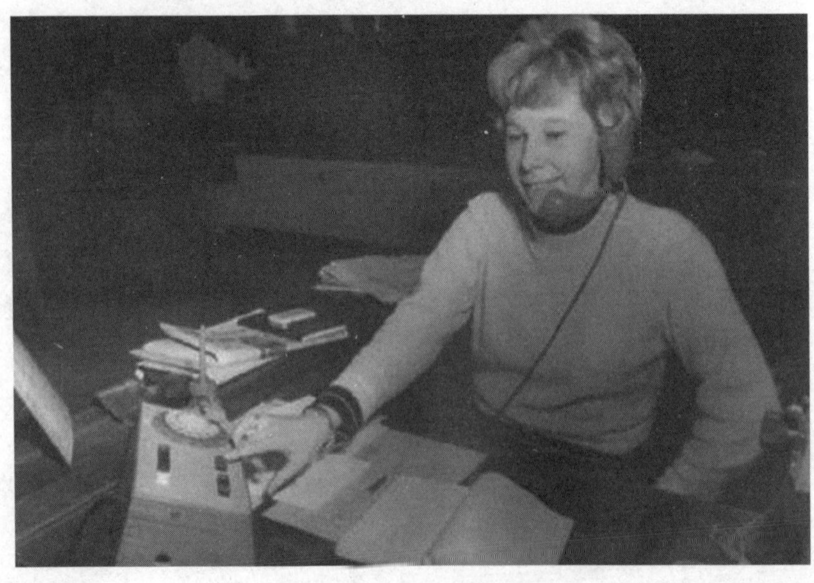

图1–1　20世纪60年代的呼叫中心工作场景

而在中国，呼叫中心始于20世纪90年代的中后期。1998年以前，中国呼叫中心产业主要集中在一些服务领域。110、114、119这些耳熟能详的号码是我们接触过的最早的呼叫中心。同期随着寻呼业务的出现，众多的寻呼台纷纷建立，形成了早期中国呼叫中心产业的雏形。1998年中国电信的1000号客服热线建立，成为中国第一个现代意义上的呼叫中心。随后，由于国外专业呼叫中心硬件和设备提供商和国内优秀厂商纷纷进入国内呼叫中心市场，以及各个行业推行客户服务中心概念，金融、政府及公共事业等行业和部门也开始大规模应用呼叫中心提供各种服务，从此逐渐发展到了中国客户联络中心产业的今天（图1–2）。

（a）中国早期的话务中心

（b）现在的客户联络中心

图1–2　呼叫中心

进入21世纪，随着现代通信系统技术、互联网技术和交互式视频信号系统的发展，客户联络中心向着智能化、多媒体化、网络化、移动化转变，利用无线接入的移动客户联络中心也在高速发展。越来越多的企业，特别是大型企业会通过与客户联络中心的整合，实现更多的业务功能与应用。通过呼叫通路实现营销、销售、服务、内部支持和渠道管理等多种功能有机整合。客户联络中心作为企业与客户的重要接触点承担起企业营销策略的核心任务。

此外，中国的客户联络中心产业总体市场规模在过去的几十年间以复合年均增长率15%~20%的速度高速增长。整个产业的投资规模、从业人员数量、席位数量等方面也都发展形成了一定的规模。截至2020年，产业累计投资规模超过2500亿元人民币，总体席位数量达到151多万，从业人数突破了300万。

客户联络中心产业的发展，为社会带来大量的就业岗位。但同时，其工作性质本身还是偏向劳动密集型，这导致在高增长的人员就业需求下，人员流失率高、难以吸引高端人才加入的问题越来越突出。

一方面，在客户联络中心工作，薪金不高，工作性质单一，工作时间较长，压力偏大是整个产业比较普遍的现状，这些因素易引起员工情绪烦躁、积极性下降、缺乏安全感等问题，从而成为人员流失的导火索。

另一方面，客户联络中心行业社会认同度依然不高。大多数人，甚至包括客户联络中心的部分从业人员依然简单地认为，一线客户专员的工作就是接听和记录电话内容。此外，很多客户联络中心并没有为员工建立适合的职业生涯规划，不了解每一层级的员工在知识、基本素质、业务能力等方面的具体要求，没有针对客户联络中心的一线员工建立合适的职业发展通道，致使员工只是盲目地、重复地工作，不清楚自己的职业发展方向，看不到发展的机会和希望。

行业社会认同度偏低、缺乏职业规划、薪资状况不佳、工作环境和劳动强度等诸多因素最终导致很少有一线客户专员把客户联络中心当成自己值得为之奋斗的长期事业，而只是个暂时的栖身之所，高学历、高素质人才也很少会选择来客户联络中心就业。人力资源问题也就成为整个客户联络中心产业当前所面临的最主要的困境。

解决这个大问题，我们要从外部和内部两个方面来着手。从外部来说，要改变社会的认同，这需要整个产业的努力以及政府的支持。目前，客户联络中心产业的人才培养已经通过与高校合作来完成，如建立校企合作实训基地、开设相关客户联络中心课程、设立客服管理专业等措施，在政府渠道，目前商务部和很多各地政府也都对发展客户联络中心产业和人才培养出台了相应的政策，政府规范客户联络中心产业的同时，也在逐步改变社会对这个产业的认同度。

从内部来说，要提升从业人员对客户联络中心行业的认同，不仅要对其工作环境、工作设施等硬件条件予以改善升级，更要建立完善的内部职业晋升发展通道，开拓员工的职业发展通路，设计一套科学、完整、合理的人才培养和发展体系，从而帮助客户联络中心的从业人员更好地建立起对职业的归属感和认同感。

一套科学、完善、合理的人才培养和发展体系并不是凭空出现的，也不是直接从其他产业拿来就可以用的。我们需要在深入了解这个产业的从业人员之后，结合实际的行业需求，才能有针对性地设计出符合客户联络中心行业特色的人才培养和发展体系。接下来，我们就一起来看看，客户联络中心的从业人员究竟是怎样的一群人？他们又有怎样的发展需求和成长意愿？

## 第二节　客户联络中心员工画像

以一个人每天工作8小时的时长来计算，假设从20岁开始工作，一直到60岁退休，总共会在工作上花费4147200分钟。对于在客户联络中心从业的我们来说，这个时间或许会更长。

微缩到一天的时间内。在一些成熟的客户联络中心，每天一名一线客户专员的接线量会在200次以上，假设平均一个电话耗时120秒，一天一个服务专员仅仅是讲话的时长就会超过400分钟，再加上其他各种状态的时间，一个服务专员一天或许会在单位待上8~10个小时。

如果你是一线班组长，你会和你的一线客户专员一起度过这8~10个小时；如果你是运营主管或经理，你也至少有三分之一的时间是和你的一线员工一起度过的。那么，这些一线客户专员在我们这些管理人员眼中代表的是什么？接通率、占用率、致命错误、准确性……？不！这些运营管理指标的确是需要一线员工配合完成，但更重要的是，一线客户专员绝不仅是完成管理指标的机器。

很多组织都在强调“要让员工满意了，客户才会满意”。那么，我们的员工是否满意了呢？或者说，我们是否真的了解过自己的一线伙伴？是否真正知道他们的需求、想法和愿望？

我们没有能瞬间提升员工满意度的灵丹妙药，但我们可以一起来尝试，用大数据画像的方法，重新认识客户联络中心的员工。

### 1.定义用户特征

大数据画像就是建立在一系列真实数据之上的目标用户模型。我们以用户特征将其分为显性画像和隐性画像两大类。

（1）显性画像：即用户群体的可视化的特征描述。如目标用户的年龄、性别、职业、地域、兴趣爱好等特征。

（2）隐性画像：用户内在的深层次的特征描述。包含了用户的产品使用目的、用户偏好、用户需求、产品的使用场景、产品的使用频率等。

客户联络中心员工的用户特征定义如表1–1所示。

表1–1　用户特征

| 一级维度 | 二级维度 | 特征项 |
|---|---|---|
| 显性画像 | 基础特征 | 年龄 |
| | | 性别 |
| | | 教育程度 |
| | | 婚姻状况 |
| | 工作状态 | 工龄 |
| | | 岗位 |
| | | 有过转岗 |
| | | 有过晋升 |

续表

| 一级维度 | 二级维度 | 特征项 |
|---|---|---|
| 显性画像 | 其他特征 | 行为特征 |
| | | 工作满意度 |
| 隐性画像 | 工作目的 | 养家糊口，经验积累 |
| | 人际关系 | 独来独往，关系融洽 |
| | 发展需求 | 成为管理者，成为业务专家 |
| | 离职动机 | 工作强度，人际关系，个人发展 |

**2.用户画像构建**

根据客户联络中心员工的用户特征定义，我将曾经调研过的几家客户联络中心员工的数据重新进行了整理，其中显性特征以统计图表的方式归纳（图1-3和图1-4），隐性特征则以关键字提炼为主（图1-5）。

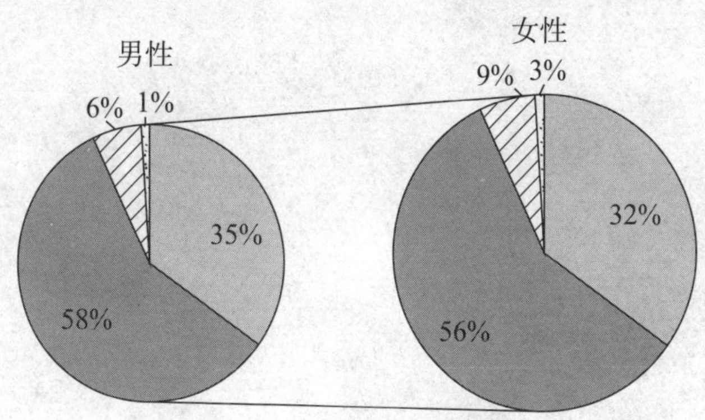


图1-3　员工性别年龄分布

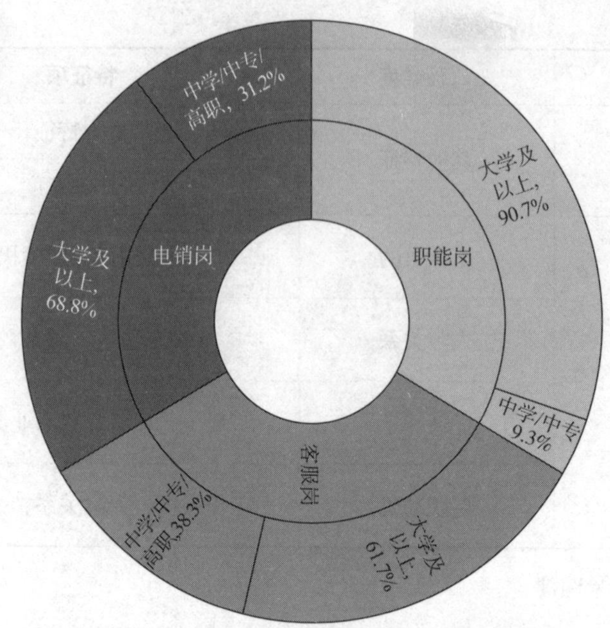


图1–4　不同岗位的文化程度分布

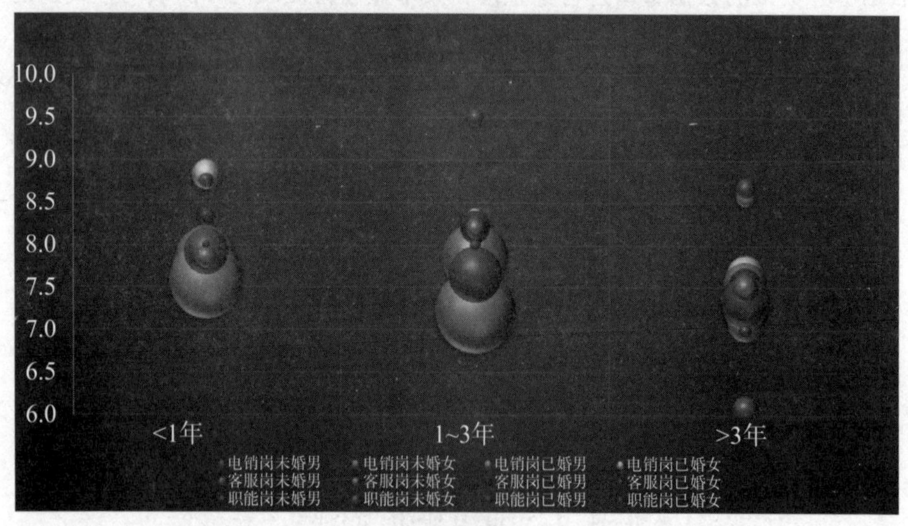


图1–5　员工满意度

### 3.画像呈现

现在，我们得到了客户联络中心员工的用户画像（图1–6和图1–7）。

（1）显性画像：

年龄性别
· 年龄集中在18~30岁，以女性为主
· 相对其他年龄层，25~30岁员工的发展机会更多

客观条件
· 要翻班
· 工作量大
· 交友圈局限性大
· 办公环境比较密集

关注点
· 薪酬绩效
· 排班休息
· 工作环境
· 文化活动
· 学习成长
· 沟通方式

· 工龄越长对组织的期望也越高
· 已婚员工对工作更感到满意
· 职能岗员工稳定性最高

岗位构成
· 职能岗位员工的大学文化程度占比最高
· 电销岗1年内的员工占比最大
· 客服岗员工超过3年会有一定转岗倾向

图1–6 男性画像

（2）隐性画像：

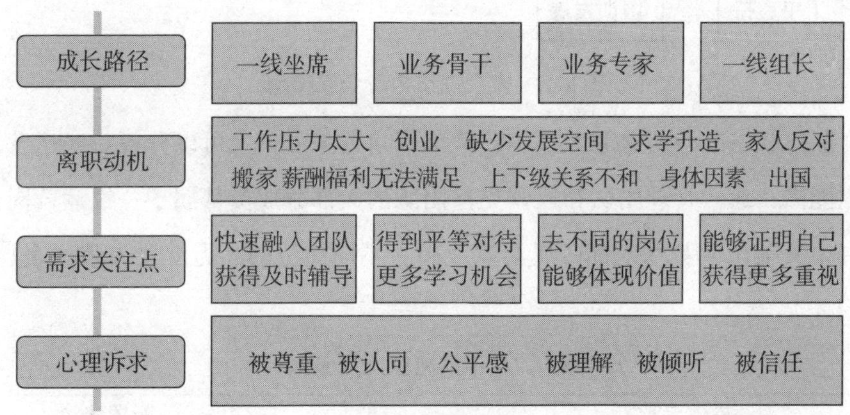


图1–7 隐性画像

至此，我们得到了客户联络中心一线员工的大数据画像。现在，让我们结合客户联络中心的组织架构来消化员工画像所反馈的信息。

现代客户联络中心的组织架构大体可以分成五大模块，分别是运营管理团队、运营支撑团队、战略绩效团队、行政支持团队和系统支持团队。其中，运营管理团队和运营支撑团队是客户联络中心最主要的两个大的分支，彼此几乎密不可分，承担着客户联络中心主要的工作职能。而战略绩效团队则偏向业务规划和绩效分析，可以看成是客户联络中心的舵手，为客户联络

中心的整体发展明确方向。行政支持团队和系统支持团队通常是和客户联络中心所在企业的行政人事部门与IT技术部门对接，起到运营保障的作用（图1–8）。

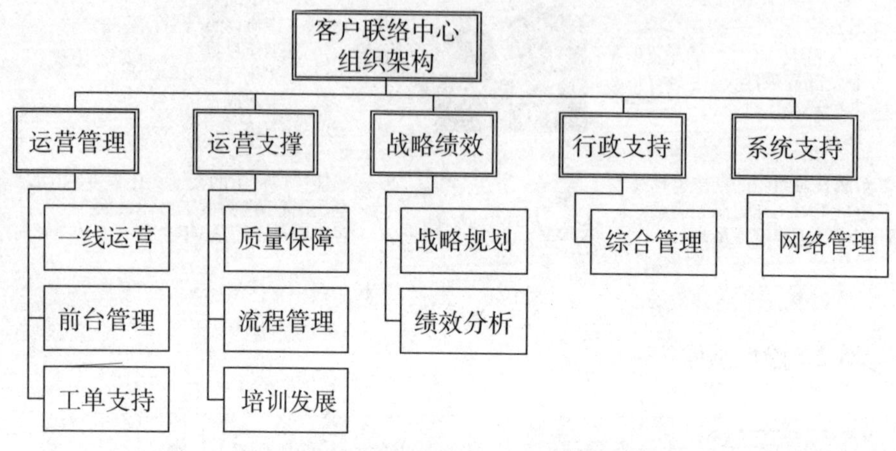


图1–8　客户联络中心组织架构

客户联络中心的这五大模块，从工作角色来分，又可以分成一线运营岗和职能岗，运营管理团队和运营支撑团队的大部分成员都属于一线运营岗，而剩余其他团队基本上都归属为职能岗。不同岗位的人力配置大致如表1–2所示。

表1–2　不同岗位人力配置

| 岗位名称 | | | 岗位职责 | 配置建议 |
|---|---|---|---|---|
| 运营管理团队 | 一线客户专员 | 普通/资深服务专员<br>销售专员<br>技术支撑专员<br>投诉处理专员 | 受理各渠道客户咨询、投诉、建议、交易需求；主动联络客户，实施客户关怀或营销 | 根据业务量及增长规模、效率指标、成本因素，进行配置 |
| | 前台管理岗 | 班组长<br>Coach（新人教练） | 负责班组人员的现场管理，确保各项运营指标达成 | 前台管理岗与一线客户专员的配比：1∶15~1∶30 |
| | 工单管理岗 | 工单处理专员 | 及时将工单传递至相关部门，并跟踪处理情况 | 根据业务规模，配置专岗或由流程专员兼任 |

续表

| 岗位名称 | | | 岗位职责 | 配置建议 |
|---|---|---|---|---|
| 运营支撑团队 | 质量保障岗 | Buddy（带教师傅）<br>QC（质检专员）<br>QA（品保主管） | 对客户联络中心的整体服务品质进行监控、管理 | 质量管理中的 QC 与一线客户专员的配比：1：20~1：40；Buddy 主要负责新员工的带教，由资深服务专员兼任 |
| | 流程设计岗 | 流程专员<br>知识管理专员 | 根据业务资料设计相应业务流程，并根据一线的实际运营对流程进行完善和优化；及时维护并更新知识库信息 | 根据业务规模，配置专岗或由质量保障人员兼任 |
| | 培训发展岗 | 专职培训师<br>人才发展专员 | 建立培训体系，实施各类培训，帮助一线客户专员实现职业发展 | 培训发展岗与一线客户专员的配比：1：20~1：40，配置专岗或兼岗 |
| 战略绩效团队 | 数据分析岗 | 绩效专员<br>数据分析师 | 及时统计分析各类业务相关数据、指标、并对未来的业务发展提供预测和数据支持 | 专岗 |
| 系统支持团队 | 设备管理岗 | 设备管理员 | 维护坐席设备，保证坐席设备正常使用 | 专岗 |
| 行政支持团队 | 综合管理岗 | 综合管理员 | 负责人力资源、绩效管理、后勤保障等工作 | 专岗 |

从表1-2可以发现，职能岗大多数都是专岗专人，他们对于岗位的专业能力有一定的要求；一线运营岗则主要从事和客户直接或间接有接触的工作，也包括给运营管理团队提供直接业务支撑的部分相关岗位。所以，相对来说，一线运营岗承受的来自客户的压力（外部压力）会更大；而且为了保证相应的绩效指标的达成，一线运营岗的工作强度（内部压力）也会比职能岗更高。这也就造成了很多一线运营岗的员工在工作了一定时间后，会渴望

转岗，哪怕是从运营管理团队转到运营支撑团队。但是，职能岗本身的专业要求又限制了大部分的转岗可能，包括运营支撑岗，也是需要经过一定的学习和训练后才能胜任。在没有适当的晋升/转岗渠道时，一线运营岗的员工在内外部压力之下，就很容易产生职业焦虑。他们比职能岗员工更易产生离职冲动，并且也更渴望得到周边人——同事、家人和客户的理解与尊重。

现在，再来看员工画像，我们是否对显性和隐性画像的理解更加清晰了呢？客户联络中心员工的大数据画像，可以帮助我们更好地认识自己身边的工作伙伴，更清楚地知道他们内心的渴望。而这也正是我们之后设计客户联络中心人才培养和发展体系的重要依据。只有针对性地满足这些一线运营岗员工的关注需求和成长诉求，我们的人才培养和发展体系才能真正帮助到客户联络中心里的每一个人，为他们带来真正有价值的成长机会。

到此，我们似乎可以进入主题，开始讨论客户联络中心人才培养和发展体系究竟该怎样建设了吧？然而，我觉得员工画像向我们揭示的还远远不够。我们只是知道了问题所在，但对问题带来的的严重程度的认知还有待加深。因此，在下一节中，我们再来看看，如果没有办法满足员工画像所归纳出来的员工诉求，最终导致他们的离职动机变成实际离职行动，又会给客户联络中心带来怎样的伤害？

## 第三节　员工为什么要离职

一天，和朋友们聊流失率，聊着聊着，我们就提议拿其中某一朋友公司最近一个季度的数据来做分析，看看那些提出离职的员工，在最后一个月的工作状态会是怎样的？

起先，我们都以为提出离职员工的KPI数据一定不好看。但是，通过数据分析发现，这些提出离职的员工的工作状态，并不一定会比在职员工差，特别是在某些数据指标上，反而会高于在职员工。比如，离职员工的“通话利用率”和“小时接线量”都超过在职员工，两类员工的“平均通话时长”无显著差异等。

这样的结果，让我们都有些意外，但仔细想想也在情理之中。员工提出离职，并不一定代表这个员工会消极怠工。由此联想到曾经做过的员工离职调研，其中有一条就是询问离职的原因。调研结果显示，导致员工离职的最主要因素是“薪酬福利”和“发展空间”（图1-9）。

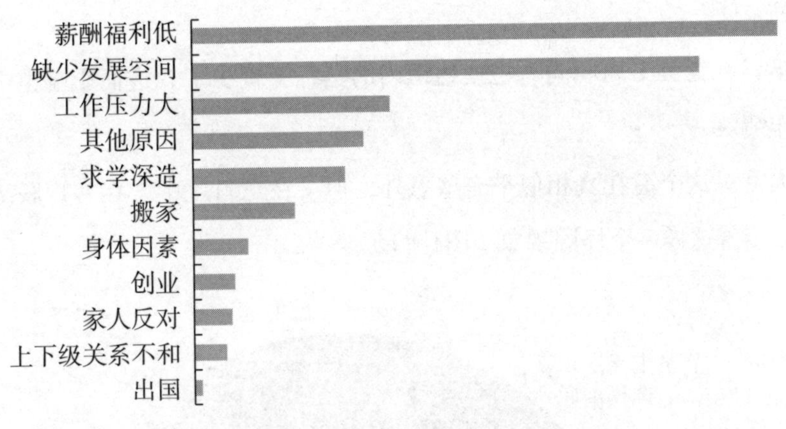


图1-9 员工离职原因

这两组数据激发了我们的研究欲望，于是又有一个朋友拿出一份他们中心连续两年的新老员工流失率数据进行对比（图1-10）。从数据来看，老员工（1年以上）的流失率其实要高于新员工（6个月内）；员工从春节之后就

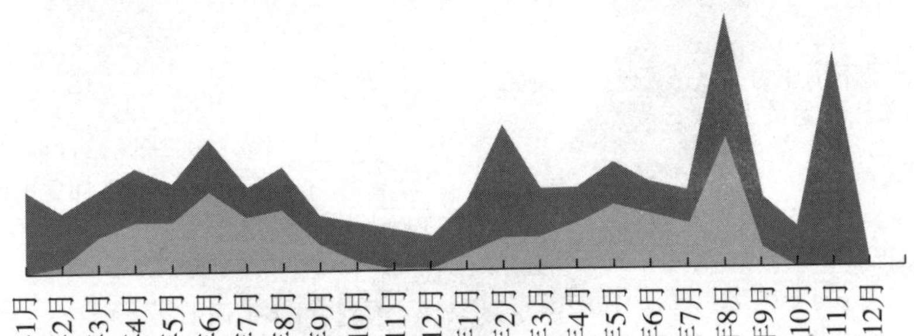


图1-10 新老员工流失率对比

开始逐渐进入离职高峰期，然后一直持续到第三季度结束。这一现象在其他客户联络中心也基本成立。

看着上面三组数据分析结果，朋友们都陷入了沉思。这三组数据向我们初步揭示了员工离职的潜在真相：

第一，老员工的流失率大于新员工。

第二，导致老员工离职的重要原因是“感觉自己在组织中没有了进一步发展的空间”。

第三，老员工离职同时也使组织内的熟练工减少了，进而影响整个组织的工作绩效。

大家对这个潜在真相似乎有些意外，但又在意料之中。在客户联络中心行业流传着这样一个怪圈现象（图1–11）。

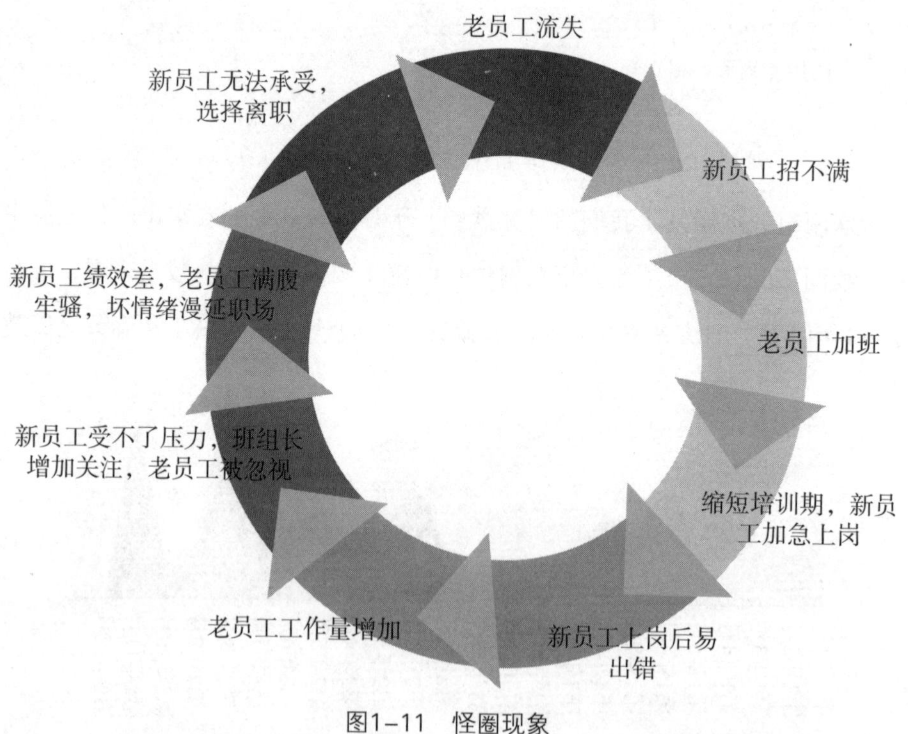


图1–11 怪圈现象

一个客户联络中心一旦有老员工离职了，绩效压力势必就会分摊到剩余员工身上。而如本章第一节所提到的，这个行业本身的社会认同度并不高，所以在新员工招聘上，往往无法在第一时间把人力缺口补齐。但是运营压力的存在逼迫人事部门只能放低入职门槛（这也是从业人员平均学历水平不高的原因之一），连带的入职以后的培训期也被压缩。而在这个过程中，职场内的老员工只有通过加班来保证运营绩效的达标。可是，因为各种客观原因的存在，新上岗员工的工作能力、效率都无法满足实际需要，往往一个老员工的工作量，需要2~3个新员工才能合作完成。于是，老员工们没有如愿地减负，还是要加班。而新员工因为质量问题，绩效不佳，对新岗位也充满了抱怨。通常是新员工上岗半个月左右，第一波怨气开始爆发。为了稳定刚招进来的新员工，班组长往往选择忽视老员工的情绪，这让老员工也越来越感觉不愉快。最终，新老员工一同爆发了不满，新员工决定放弃这份新工作，连带的一些老员工也提出了离职。这种情况会一直循环下去。

面对上述问题，客户联络中心的管理者们该怎么办?

我们都说，老员工是组织里的财富，他们通过多年的积累，一个个都是业务能手，技术骨干。可是，当这些熟练工们因为如上的怪圈而不得不被低技能工作缠绕，自身优势得不到发展，且貌似也没有更进一步的提升空间时，我们的客户联络中心就会失去这些宝贵财富。就像前一节的员工画像所描绘的，对于老员工来说，他们更需要一个能够体现自身价值、证明自己的平台，能够在客户联络中心内部有更多的参与和选择机会。

同样地，对于新员工来讲，被填鸭式地匆匆赶着上岗后，他们对工作的期待就会有巨大的落差。另外，刚入职的新员工很难完全融入原有的圈子，这就导致他们感觉不被接纳。而直属组长找他们沟通，更多的是谈如何提升绩效，而不是描绘怎么做可以得到发展，没有从心理上去解决新人的顾虑。所以，新员工也很难在短时间内对团队产生认同感，这也就同员工画像所描绘的一样，新员工更希望能被公平对待，且能够得到真正有效的辅导。

员工画像告诉我们，客户联络中心员工的成长阶段可以简单划分成四步，即“一线新人期”“业务骨干期”“业务专家期”“基层管理者”。每个阶段的员工都会有相应的需求关注点，就如我们刚才对老员工和新员工的分析，在特定的发展阶段，要针对该阶段员工的需求进行合理引导，提供适当的学习机会，从而提升员工的归属感和自我实现感。当然，要实现这些，就需要在客户联络中心的管理制度上进行优化，建立起配套的人才培养和发展机制，并联合客户联络中心的管理层一起推行并落实这套机制，才能起到真正的效用。

因此，客户联络中心的各层管理者首先就要成为这套人才培养和发展机制的实践者，他们需要承担起人才培养和发展过程中的讲师角色、导师角色、教练角色，在日常工作中能够给予员工更多的及时反馈和鼓励；在员工参与相应阶段的发展项目时，能够给予及时的辅导和经验分享，从而加深员工对管理者和团队的认同，在让他们得到发展的同时，增加工作稳定性。

此外，如果客户联络中心的资源允许，也可以尝试开展EAP项目（员工帮助计划）或者内部心理咨询室，在给员工提供更人性化的发展平台的同时，也能让客户联络中心的管理层及时掌握员工的思想动态，减缓负能量的传播，提升员工的正向力量。

当然，一套制度并不能把所有人都真正留下来，有些员工在相应阶段得到了发展后，最终还是会选择离职，就像俗话说的那样“铁打的营盘，流水的兵”。组织要发展，人员流动是不可避免的，人才培养和发展体系的建设是为了让流动变得有序、可控，并能及时输送新鲜血液，而不是因为流动才出现前面所说的这种怪圈和内部的青黄不接。

员工画像让我们对客户联络中心从业人员有了一个比较概念化的印象，但这个印象还只是停留在纸面。看了员工离职分析，我们把纸面的印象带入到了真实之中，也更清楚客户联络中心的从业者们所面临的困境以及他们的需要。职业发展不是直接从1跨到100，而是一步一步地积累，最终厚积薄发。所以，要全面掌握员工的成长过程，不是光靠说，而是要把它们记录下来。下一节，我们就来看看能够通过哪些记录来跟踪员工的成长历程。

实践案例：客户联络中心离职管理的“亡羊补牢”

员工离职是不可避免的现象，但是当离职发生时，我们还是可以通过“亡羊补牢”，尽可能减少离职所引发的人力损失。通常，“亡羊补牢”的操作可以在两个阶段开展：其一是员工已提出离职但还没有离开；其二是员工已经离开。我们将前一个阶段的“亡羊补牢”称为“离职面谈机制”，对后者称为“离职员工回访跟踪机制”。

**1.离职面谈机制**

离职面谈顾名思义发生在有员工提出离职之后。根据《劳动法》，员工从提出离职到正式离开，通常会有一个月的缓冲时间。离职面谈机制抓住的就是最后这段时间，对离职员工做最后的挽留手段。

（1）任何员工提出离职，其直属上司都需要在第一时间与其进行面谈，了解员工离职的想法，减少因误解等原因造成的流失。

（2）对于关键岗位的员工或有经验的老员工的离职，除了直属上司面谈外，还需要更高一级主管与其进行离职面谈，而且面谈最好能在员工提出离职的三个工作日内完成，以体现出管理层对其的重视。

（3）若所有的挽留都无法奏效，在员工进行离职交接的当天，人力资源部也需要与其进行最后一次离职面谈。这时候的面谈主要是听取员工的意见反馈，包括他的不满之处。

所有的离职面谈都需要填写“离职面谈表”，组织要安排专人进行定期的归类分析。分析的目的除了做流失率统计分析之用外，通过解析离职面谈中的员工反馈信息，找出可以进一步改善现有管理制度、流程、方法的意见或建议，并将之予以实施。这样做，才能避免将来有员工因同样的问题造成新的流失。这也是离职面谈机制真正实现其“亡羊补牢”的价值所在。

**2.离职员工回访跟踪机制**

有很多著名企业会称他们的离职员工为“校友”，并且会定期或不定期地组织一些“校友”活动，增加与这些离职员工之间的互动。这样做，不仅能够体现出企业的人文关怀，更能为企业回聘离职员工中的优秀者埋下伏笔。

为了实现这一目标，组织可以建立一个离职员工数据库，每年由专人负责数据库的信息更新。除此之外，还可以组织一些“回娘家”的活动，邀请部分已离职员工重新回到企业来看看，交流其离开后的经历。或许不经意间，组织正在寻找的某个岗位就有与其匹配的人才了。

将已离职员工重新招回组织，除了可以节约招聘成本，更重要的是员工能更快地融入角色，适应组织文化。这些已经走出去的员工，当他们再回来的时候，必定会带着新的知识和经验，这又能让组织得到新的发展，对个人、对组织都是双赢的结果。

## 第四节　给员工建三份档案

当我们来到一家公司，通常来说，人事部门会为我们建立一份个人的人事档案，里面会有这个员工相应的人事信息。而从前两节的文章可知，为了满足客户联络中心员工的发展诉求，仅依靠一份人事档案，是不足以管理和跟踪他们的成长过程的。因此，从员工的发展及其工作需求角度出发，我们可以为客户联络中心的员工创建三份个人档案。

**1.第一份个人档案：个人发展档案**

个人发展档案，是在普通的员工人事档案和培训记录的基础上发展起来的。它不仅仅记录了该员工在公司参加的各类培训信息，更重要的是，它还将跟踪员工在公司中的每一个成长历程。

个人发展档案包括员工基本信息、以往工作背景、在本公司的发展历程、主要培训经历以及历史绩效成绩五大部分。

（1）员工基本信息登记了该员工的一些常规情况，如家庭住址、联系方式、教育程度等。

（2）以往工作背景主要记录了员工在入职前的职业经历，特别是对于管理类岗位的员工，他们以往的职业经历可以更好地反映出他的个人职业发展路径，也能够帮助其直属上级更加迅速地对其进行了解。

（3）在本公司的发展历程主要记录该员工入职后的一系列的岗位变化及奖惩信息。如A君入职后先是普通的一线客户专员，半年后因业绩突出被提升为资深服务代表，之后又过了半年他参加内部岗位竞聘去了质检团队，等等。又如B君，入职后获得表扬信一次，评优一次，这两个信息也将作为B君“在本公司的发展历程”信息，被记入档案里。

（4）主要培训经历就相当于是员工的个人培训档案，它主要登记该员工入职后所参加的主要培训课程及相应培训结果，如入职培训、转正培训、外训、晋升培训、各类技能课程等，但是，对于诸如常规的业务培训、案例分享课程则无须记录在案。

（5）历史绩效成绩则是记录员工入职以后的各类年度绩效评估成绩，这些成绩也从另一个方面反映了员工的综合考评情况，对于追踪员工入职后的发展状况能够有个量化的体现。

**2.第二份个人档案：个人质量档案**

个人质量档案主要是为了能够对员工的服务品质有所追踪及保障而设立的，是由质控团队负责建设并保管。并且，在员工辅导过程中可以作为第一手资料进行参考。

个人质量档案是以图表的形式来反映员工的质量情况，可以以月份为单位对员工进行公示。它主要能够反映如下的服务品质信息：

第一，员工服务品质散点图（图1–12）。

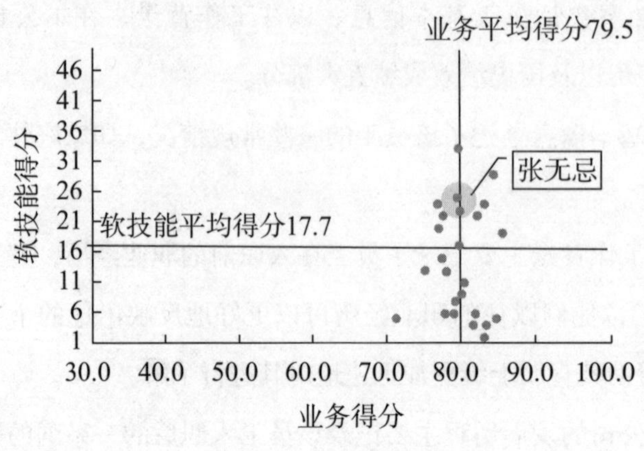


图1–12　员工品质散点图

如图1–12所示，主要体现了员工在业务知识和服务技能两方面的具体偏向情况，并以散点图方式，清晰地将员工在整个团队中的品质水平进行了定位。如图中的张无忌，业务知识相对比较扎实，服务技能也属于中等偏上水平，在整个团队中其服务品质可以算是比较靠前的了。

第二，员工品质缺陷图（图1–13）。

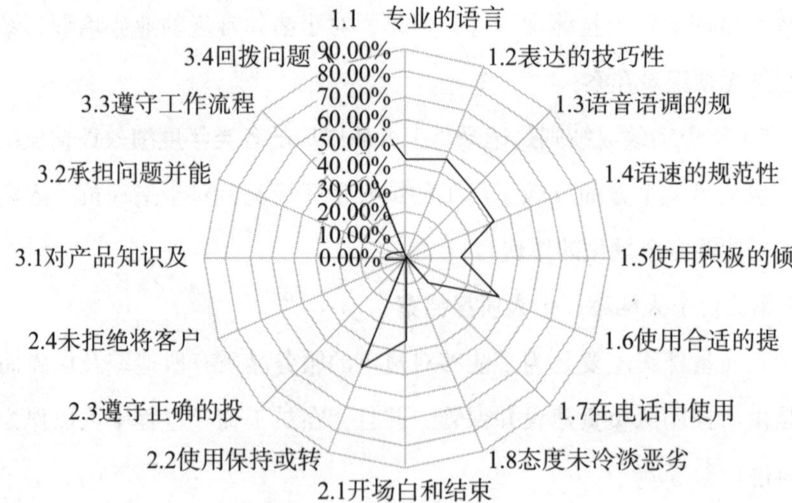


图1–13　员工品质缺陷图

如图1–13所示，主要通过蜘蛛图的形式体现了员工在具体的品质缺陷方面的问题，从而帮助员工更好地认识到自己的不足之处，同时，也能为团队主管、质检培训人员在提供辅导时，确定更清晰的辅导侧重点。图中所反映的这个员工，对他的辅导侧重点就可以定位在表达能力上。

第三，员工品质稳定性分析图表（图1–14）。

质量稳定性分析

| 级别 | 姓名 | 离散系数 | 平均质检成绩 | 标准差 |
| --- | --- | --- | --- | --- |
| A 组 | 张无忌 | 0.029 | 80.2 | 2.35 |
| | | | | |
| | | | | |

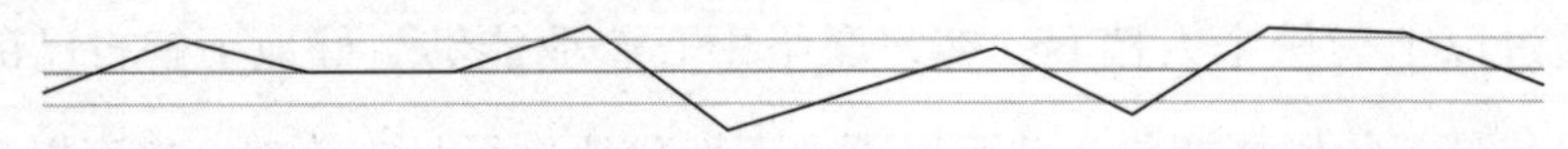

ww11　ww12　ww13　ww14　ww15　ww16　ww17　ww18　ww19　ww20　ww21　ww22

图1–14　质量稳定性分析

如图1–14所示，通过这两张图表，管理人员能够比较直观地了解这个员工的业绩稳定性情况，从而可以在制定月度的团队品质辅导计划中，将更多的精力放在那些急需提升的员工身上，进而提升辅导效果。如根据上图所显示的张无忌的信息，该员工总体来说业绩水平比较稳定，他的主管在月度辅导计划中就可以不将他作为重点关注对象。

第四，员工历史辅导记录。

最后，在个人质量档案中还会有一份员工历史辅导记录表，其中登记的是该员工的历史辅导信息，便于辅导人员追踪该员工的历史服务质量问题以及他的改进情况，进而确认该员工是否在辅导之后有所进步。

**3.第三份个人档案：个人心理档案**

对于客户联络中心的员工来说，承受的工作压力是比较大的。员工的情绪管理、压力管理一直都是客户联络中心管理的一个重要课题。越来越多的客户联络中心开始开展EAP项目，对于员工的心理辅导和干预也逐渐增多。此外，我们还需要为客户联络中心的员工建立一份个人心理档案，以记录相应的心理辅导和干预事件，并由企业内的专业人员或企业外的专业顾问通过使用这份心理档案来跟踪了解该客户联络中心的员工情绪波动变化，并能在发生大规模的员工情感危机之前给予干预，从而降低由此带来的内部人员管理失控的风险。

个人心理档案基本上包括详细的员工个人信息、情感危机事件描述及处理反馈、普通压力管理面谈辅导记录及反馈等。需要注意的是，个人心理档案因涉及员工个人隐私问题，故必须由专业人士负责保管，并在查阅该档案时需要必要的授权。

通过以上三份个人档案，客户联络中心企业能够更好地了解自己的员工，追踪员工的发展变化，并可以更加人性化地进行员工管理，从而提升员工满意度，进而能够更有效地提升服务水平和用户的满意度。

最后，需要补充的是，从保护员工隐私的角度来看，以上三份个人档案中，第一份档案可以开放给员工本人、员工直属上级主管及以上管理人员查阅；第二份档案可以开放给员工本人、质检员、培训师、员工直属上级及以上管理人员查阅；第三份档案只能够开放给心理辅导师（或者人事部门专业人员）及高级管理人员查阅。

员工质量档案样例如图1–15所示。

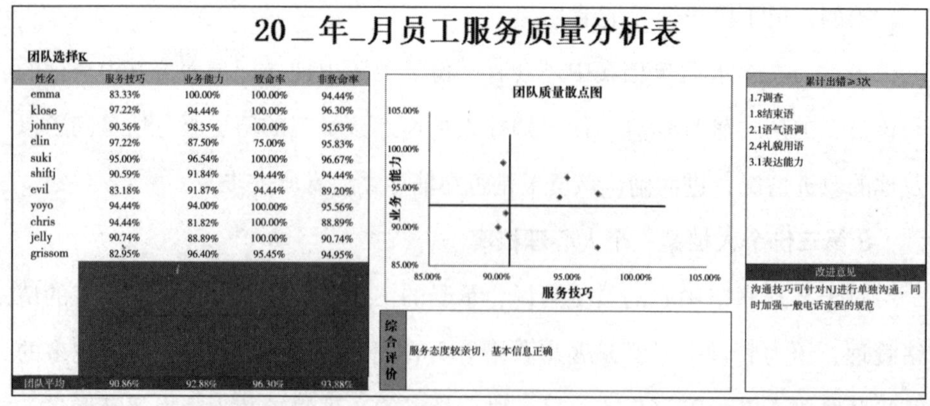

20＿年_月员工服务质量分析表

团队选择K

| 姓名 | 服务技巧 | 业务能力 | 致命率 | 非致命率 |
|---|---|---|---|---|
| emma | 83.33% | 100.00% | 100.00% | 94.44% |
| klose | 97.22% | 94.44% | 100.00% | 96.30% |
| johnny | 90.36% | 98.35% | 100.00% | 95.63% |
| elin | 97.22% | 87.50% | 75.00% | 95.83% |
| suki | 95.00% | 96.54% | 100.00% | 96.67% |
| shiftj | 90.59% | 91.84% | 94.44% | 94.44% |
| evil | 83.18% | 91.87% | 94.44% | 89.20% |
| yoyo | 94.44% | 94.00% | 100.00% | 95.56% |
| chris | 94.44% | 81.82% | 100.00% | 88.89% |
| jelly | 90.74% | 88.89% | 100.00% | 90.74% |
| grissom | 82.95% | 96.40% | 95.45% | 94.95% |
| 团队平均 | 90.86% | 92.88% | 96.30% | 93.88% |



综合评价

服务态度较亲切，基本信息正确

累计出错≥3次

1.7调查
1.8结束语
2.1语气语调
2.4礼貌用语
3.1表达能力

改进意见

沟通技巧可针对NJ进行单独沟通，同时加强一般电话流程的规范

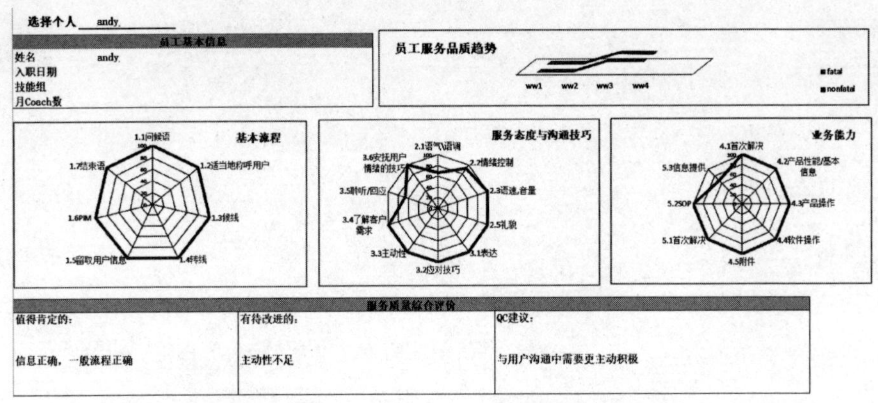


图1-15　员工质量档案样例

## 本章小结

客户联络中心的员工是一群有朝气、有想法、有抱负的年轻人，他们渴望在事业中获得成功，希望自己能被身边的人认同和尊重。因此，一旦发现从工作中无法得到进一步的成长机会，他们也会毫不犹豫地选择离职。所以，客户联络中心的人才培养和发展首先要解决的就是去真正认识这些培养对象：了解并知道他们究竟想要什么？他们为什么会留下，又是什么原因导致他们离职？而在这整个过程中，还需要为他们建立起三份跟踪档案，既是帮助他们更好地认清自我，也是陪伴他们共同见证自己的每一次成长。

# 第二章
# 双轨制职业发展体系

知识劳动密集是对客户联络中心行业的精准描述，要满足知识劳动型人才的培养与发展诉求，“双轨制”职业发展体系是一个经过了实践验证的适合选项。

## 第一节　侧重业务的传统培训体系

说起客户联络中心的培训，在很长一段时间内，我们所看重的更多地是业务技能的熟练掌握和提升。为什么呢？究其历史原因，客户联络中心成立的目的就是为了服务客户，而要服务好客户则势必需要对业务熟悉，否则客户问什么都不了解，这还怎么提供服务？后来，客户联络中心也承担起对外营销的角色，这时候，业务知识更加不可或缺了。所以，从一开始，客户联络中心的培训就是侧重业务的。

那发展类或管理类培训是谁做呢？这两类培训依旧归属于企业的人事部门。但问题就来了，企业人事部门和客户联络中心相差的其实有些远，他们中间可能隔了一个市场部，又或者是一个IT部。是的，很多企业自建的客户联络中心大多数都是挂靠在这两个大部门其中的一个。因此，人事部在做年度培训计划时，很少会再单列一个客户联络中心的培训需求，客户联络中心的需求被包含在了上一级部门需求之中。至于管理类培训，则会跟着整个企业的相应培训项目走，但这类培训又有职级要求，而客户联络中心的职级并没有得到细分，这就导致只有少数主管经理级的客户联络中心管理人员才有资格参加人事部门的管理类项目。于是，客户联络中心的发展类和管理类培训其实是有空缺的，那怎么办呢？我们稍后再说，还是继续来看客户联络中心的业务培训。

相较于发展类和管理类培训的不足，客户联络中心的传统业务培训体系还是比较完善的，它从为业务服务的角度出发，基本包含业务相关的培训和辅导。此外，在一些规模不大的客户联络中心，培训和质检是合并成一个部门的，因此，培训师本身也会兼任质检的角色。这更加拉近了培训与一线运营团队的距离。方便讲师及时跟踪业务培训的效果。那么，传统的侧重业务的客户联络中心培训体系包含哪些呢？

首先就是基本的业务知识培训了，如图2-1所描绘的培训流程。

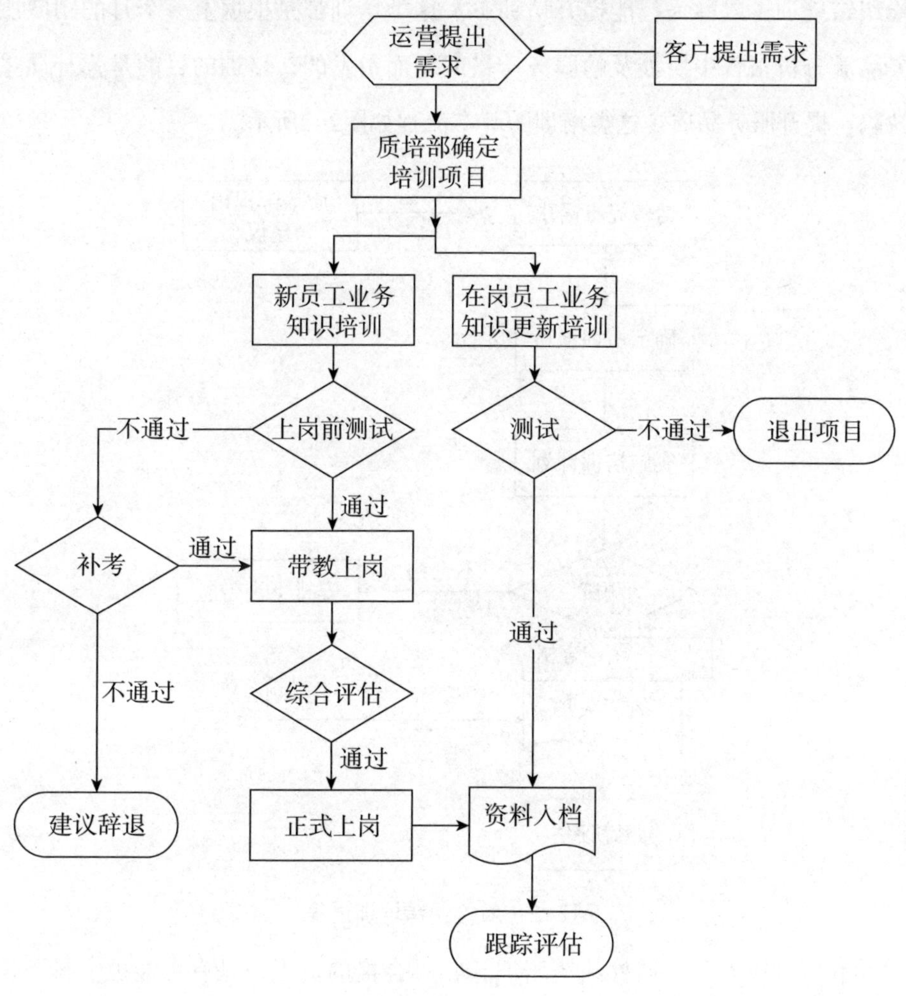


图2-1　培训流程

我们可以看到，无论是新员工还是老员工，培训的触发都是由于业务需要。当然，对于新员工来讲，在参加业务培训之前，可能还会参加人事部门组织的企业新员工入职培训，学习一些企业文化知识和常识。不过，在很多客户联络中心，这一部分内容会在公司内部开展。

客户联络中心的业务培训除了每个月定期的新员工培训外，其他的业务培训由于业务触发，所以并不是固定的，有时候一个月会有多次，有时候一次都没有。这时候. 从保障服务品质出发，每个月会由质培部触发，安排质检纠错培训（或称为技能提升培训）。这类培训都是根据上一个月的团队服务品质分析报告中所涉及的服务质量问题而引发的，培训的目的是弥补质量缺陷，提升服务品质。这类培训的基本流程如图2-2所示。

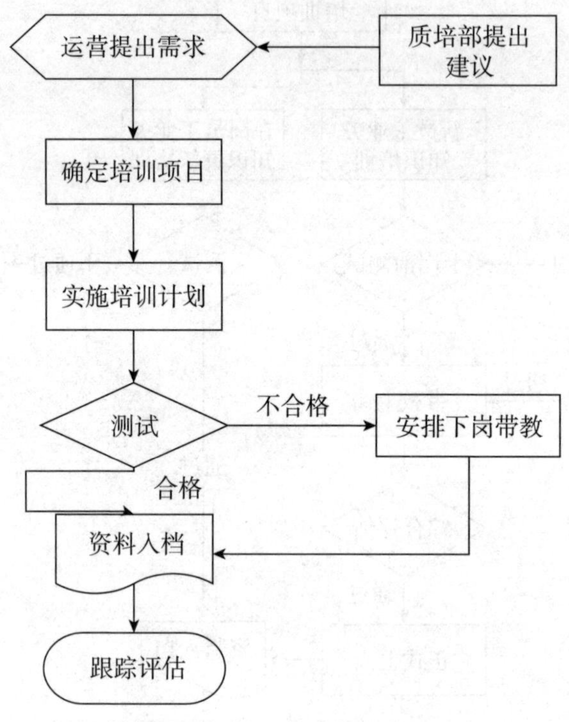


图2-2 质检纠错培训过程

我们可以看到，质检纠错培训验收不合格的员工，是有可能被安排下岗带教的。通常，这类带教就由质培部的培训师担任，带教时间根据问题的严重程度从一天到一周不等。如果带教还是不合格，该员工将面临换岗或被辞退。

以上两大类培训就构成了客户联络中心传统培训体系。在这样的培训管理制度下，让员工掌握好业务技能是唯一的培训目的，一切培训都是以业务绩效为导向。至于职业发展，就如我们在之前所说的，因为人事培训和客户联络中心的需求有脱节，所以在没有适当的人才发展规划的前提下，无论是质培岗还是班组长岗，基本上都是以业务能力为唯一选拔标准。另外，由于工作环境的限制（如话务量预测的不准确等因素），使得客户联络中心的培训工作在开展上会相对被动，我们不得不先照顾到运营现场的需求，有时候只能将安排好的计划一推再推，让一线客户专员休息日来参加培训的情况也不鲜见。

反复的业务知识技能培训，以及培训安排的无法正常开展，导致员工对培训的认知就变成了可有可无的辅助能力，最终又影响了培训的实施效果。而以业务绩效为唯一评判标准的转岗晋升规则，也让绝大多数一线客户专员断了职业发展的念头。因此，有想法的员工往往没多久就会离职，留下来的员工却让整个组织渐渐地变成了一潭死水。

为了打破这种僵局，同时又能让一线客户专员看到发展的希望，在保障业务培训的基础上，客户联络中心开始尝试建立分层培训体系制度。这一制度引入了分级制，即将一线客户专员根据业务能力进行了分级，从一星到五星，给了员工一定的成长空间和发展动力。在实际操作方面，针对不同服务等级的员工，安排不同难度的课程，并且随着一线客户专员服务等级的提升，从单纯地学习业务课会更多地转变为多类型的培训课程，从更多的方面来整体提升一线客户专员的服务品质（表2–1）。

表2–1　业务员涉及的培训课程

| 类型 | 业务课 | | | | | | | |
|---|---|---|---|---|---|---|---|---|
| 课程 | 产品知识 | | 系统操作 | | 技术理论 | | 行业知识 | |
| 等级 | 基础 | 提升 | 基础 | 提升 | 基础 | 提升 | 基础 | 提升 |
| 新员工 | √ | | √ | | √ | | √ | |
| 1星 | √ | | √ | | √ | | √ | |
| 2星 | √ | | √ | | √ | | √ | |
| 3星 | | √ | | √ | | √ | | √ |
| 4星 | | √ | | √ | | √ | | √ |
| 5星 | | √ | | √ | | √ | | √ |

续表

| 类型 | 技能课 | | | | | | 管理课 | | | | | |
|---|---|---|---|---|---|---|---|---|---|---|---|---|
| 课程 | 服务技能 | | | 营销技能 | | | 自我管理 | | 团队建设 | | 管理知识 | |
| 等级 | 初级 | 中级 | 高级 | 初级 | 中级 | 高级 | 基础 | 提升 | 基础 | 提升 | 基础 | 提升 |
| 新员工 | √ | | | | | | | | | | | |
| 1星 | √ | | | √ | | | √ | | | | | |
| 2星 | | √ | | √ | | | √ | | | | | |
| 3星 | | √ | | | √ | | √ | | √ | | | |
| 4星 | | | √ | | √ | | | √ | | √ | √ | |
| 5星 | | | √ | | | √ | | √ | | √ | | √ |

分层培训体系的建设使客户联络中心“一潭死水”的状态得到了改善，这在一定程度上让员工有了发展的盼头。但是，并不是所有人都想在业务技能上不断提升。分层培训虽然在中高级业务等级课程中设置了管理类课程，但还是比较基础，不是针对性地来开展管理梯队的建设和培养。因此，很多客户联络中心的管理人员还是从业务能手中选拔，或者“火线晋升”，这样的管理者本身是缺乏有效的管理技能的，这也让管理人员的学习成本提升。

随着时间的推移，越来越多的新生代员工来到了客户联络中心。就像我们在第一章看到的员工画像所描绘的，新生代们更渴望实现自身的价值，希望能在职业上得到明确的发展指引。而这时，无论是传统偏重业务的培训体系，还是改进后的分层培训体系都无法完全满足新生代员工的需求。客户联络中心亟须一个既能顾全原有的侧重业务需求，又能满足员工职业发展需求，并能为组织建立有效的人才梯队的人才培养和发展体系。

## 第二节　双轨制职业发展体系

分层培训体系为客户联络中心的人才发展打下基础。但是，怎么在这个基础上进一步做好人才的梯队建设呢？这时候，我们将目光落在了客户联络中心之外。我们发现在不少行业都推行着一种“双轨制”人才培养制度，它将人才分成管理人才和技能人才，然后通过职级评定，使两类不同的人才在福利待遇上实现了平衡，并且明确了个人的职业发展道路，使愿意在技术上深入的专业人才可以无后顾之忧，使愿意走管理方向的人才也能更清楚自己的发展道路。于是，我们将这套体系引入客户联络中心，希望通过借鉴它来解决我们的困境。

**1.什么是双轨制职业发展体系**

什么是双轨制？它其实是相对单一职业发展路径来说的。我们知道，最初的职业发展路径就是从基层走向管理，然后步步晋升，从一线管理者一直到高层管理者（图2-3）。这种职业发展路径是一种金字塔型的发展模式，其最终的结果必然是大多数人仍存在于最底层，只有少数精英站在了最高处。这是一种牺牲了绝大多数人的发展机会，最终成就了极少数成功者的模式。后来，我们开始尝试员工的职业横向发展，想培养他们能胜任质检、培训师、技术支持等职能岗位，期望给一线员工增加职业成长的机会。可惜的

图2-3　职业发展路径

是，横向发展的岗位本身需求不高，无法吸纳过多的员工，也不可能为了鼓励横向发展而去设置新的并无实际作用的岗位。最终，除了少数幸运儿有了横向选择的机会，其他一线员工只能是继续走回单一的发展路径，在纵向通道上继续努力攀爬。

所以，为了进一步激励员工，提供真正有帮助的职业发展之路，我们在客户联络中心引入双轨制职业发展体系。所谓双规制，顾名思义就是设置了两条发展的路径。其一是传统的晋升发展路径，我们称为“管理层级”；另外一条则是从专业发展方向上开辟的新路径，我们称为“专业职级”。一个简单的客户联络中心双轨制职业发展路径如图2-4所示。

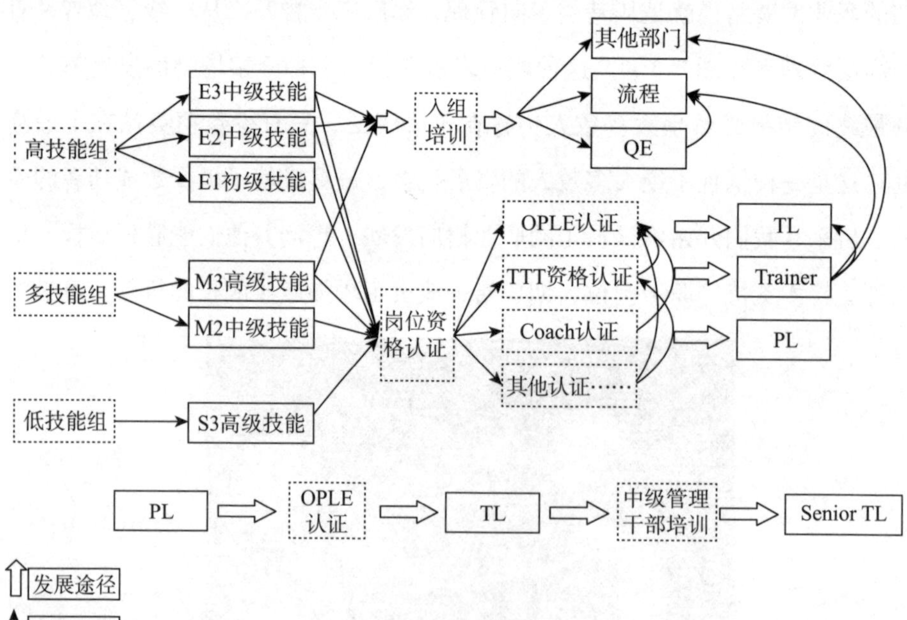


注：Trainer、QE等职能岗位都可以继续晋升Senior（资深）级、主管级、经理级。

图2-4　双规制职业发展路径

我们可以从上图得知，从职业发展的角度出发，一名员工无论选择管理层级发展还是选择专业职级提升，最终都会找到并实现自我价值。而且，相较于管理层级的金字塔型发展趋势，专业职级的发展最终的趋势是纺锤型，即专业技术等级在中间的员工会占据大头。而这样的人才分布，恰恰是一个组织能够实现稳定并长远发展的关键。

**2.双轨制评定思路**

双轨制中的“管理层级”评定，基本上还是沿袭原有的晋升手段，只不过在各级岗位晋升中，会参考员工的专业职级，并设定硬性的专业职级要求来匹配相应的管理岗位。这也确保减少在客户联络中心出现“外行领导内行”的现象。

而专业职级评定则是按年开展，一年组织一次，由员工自主报名参加。大体评定的流程如下：

员工自主报名—业务能力测试（初级）/专业论文报告提交（中级以上）—业务能力答辩（中级以上）—评审委员会审核—评定结果公布

其中，同等级的相应国际或国家认证可以作为专业能力评定的参考，经评审委员会审核通过后，可以获得内部专业等级。评审委员会由客户联络中心负责人、人事部门和其他内外部技术专家共同组成。

另外，对于已经获得中级以上专业职级的员工，每一年必须完成相应的辅导/培训课时数，并需要提交相应的论文/报告。

中级：至少需要提交1篇内部专业论文/报告和30小时员工辅导/培训课时数。

高级：至少需要提交两篇内部专业论文/报告和50小时员工辅导/培训课时数。

若员工该年度未提交论文或完成课时数，年度保级评审就会不合格，面临降级。

若有员工获得国家专利，则可以直接升级；若专利获得者已是高级职级，则享有两年的直接保级资格。

**3.双轨制下的培养模式**

客户联络中心单纯有了双轨制评定还不够，更需要通过一整套完整的培养体系来实现双轨制职业发展的落地。就我们的实践来说，是通过两个方向来开展的，分别是“管理条线的继任者计划”和“专业条线的专家建设”。

（1）基于管理条线的继任者计划。从这个计划的名字就可以知道，这个方向的培养是为组织储备未来的管理人才而设置的。在我们的客户联络中心，有一个称为“OPLE”的认证项目，这个项目又称“潜力领导者基础培养项目”。我们通过内部人才挖掘，发现组织中的潜力领导者，然后通过让他们参加”OPLE”，加速培养使他们成为“下一代管理者（图2–5）”。图2–5是该项目的简单流程示意，从中可以看到，对于具有潜力的优秀人才，我们会为其开通特定的绿色发展通道，从而帮助这些潜力人才少走弯路，更快地成长。

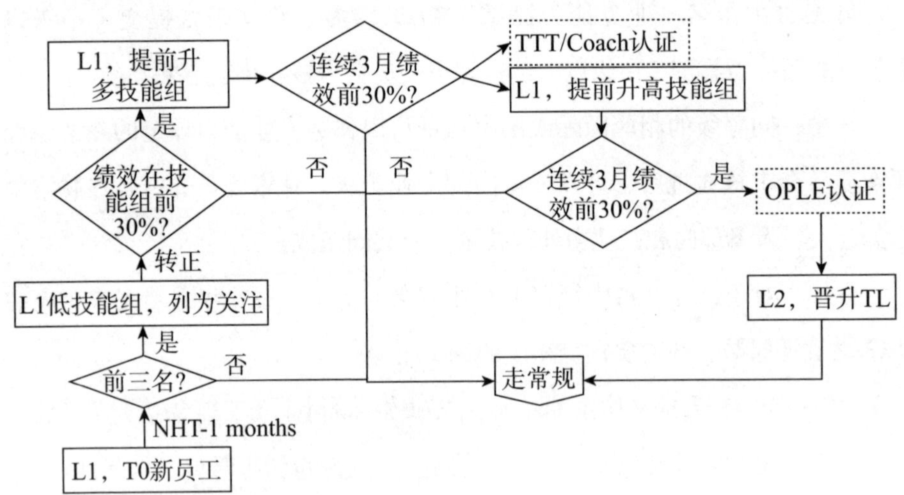


图2–5 “OPLE”项目示意图

注：1.本示意图是针对特定管理培养生设计，为管理人才快速置升通道。
2.OPLE认证后晋升TL，将以当时的实际岗位空缺与否来定。
3.在任意环节退出此快速通道员工，将按照正常发展路径。

（2）基于专业条线的专家建设。相比较管理层级的发展可以由绿色通道提供，专业职级的提升更需要依靠员工自身的积累。但是，从专业培训的角度出发，我们还是可以根据岗位任职标准定义，通过设计一系列有针对性的培训来帮助其成长（图2–6）。

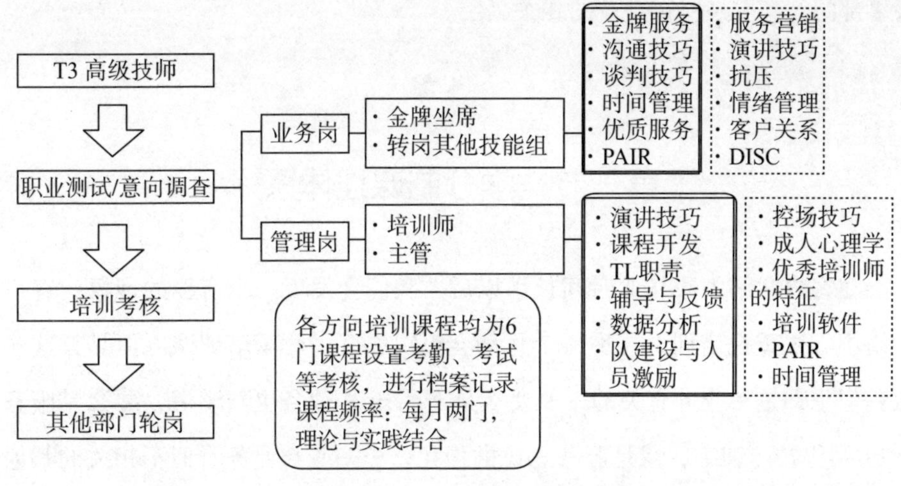


图2-6　高级技师培养

注：黑色为必修课程，若二期及之后的学员已参加过必修课，则修其他两他两门即可细线框

当然，除了专业培训的介入，我们还鼓励并给组织内的专业职级为中高级的人才制定辅导要求，并将该要求作为年度专业职级评审的考核标准之一，如对高级专业职级的员工就有类似“不低于50小时的员工辅导/培训课时的要求”。这样做是为了让整个组织和团队更有一种共同成长进步的氛围。

双轨制职业发展体系为员工提供了更多的选择。有了选择就有了期望，员工对自身职业的发展道路也会更加清晰。同时，对于客户联络中心来说，双轨制职业发展体系的推行，既能帮助增强员工稳定性，又能为组织搭建起合理的人才梯队，为组织的长远发展输送稳定的人才。对员工和组织都是双赢。

然而，要真正有效地实现双轨制，需要对客户联络中心传统的侧重业务的培训体系进行调整，需要在原有的业务培训制度之外，再补充相关的配套制度，这样才能真正有效地把基于“双轨制”的人才培养和发展体系落地。接下来的几个小节，我们就一起来聊聊要实现“双轨制”人才培养和发展，原有客户联络中心传统培训体系会发生哪些变化？

最后，需要注意的是，人才培养和发展体系的推行是离不开管理层支持的，我们需要得到的支持不仅仅是来自于客户联络中心本身，还需要来自于人事部门，甚至是所在企业的相关高层。

## 第三节　学分制课程体系

在客户联络中心从业时间长了以后，我们会发现一个有趣的现象：客户联络中心很重视培训，几乎每个月都会组织那么一两场培训课。但是，这些课程似乎都是和业务有关的——要么是产品知识/业务更新学习，要么是服务技巧/销售技巧训练，或是服务意识的强化……一些与业务看似不相关的其他课程，如商务礼仪、时间管理、思维导图等几乎和一线客户专员无缘。

为什么会这样呢？这还是和客户联络中心的业务需求相关。在传统客户联络中心或客户互动中心，业务需求首先是要满足话务量。因此，我们会关注服务专员的ATT（平均通话时长），ACW（话后处理时长），Occupancy（员工利用率）等指标。如果你对业务不熟练，不能快速引导客户定位服务诉求，那么你就不是一个合格的一线客户专员。所以，我们进行培训侧重的是培养客服的“快速响应并满足客户需求定位”的能力。其他无关内容没有必要也没有时间开设培训课程。

然而，随着AI技术的不断升级，传统客户联络中心服务模式会逐渐被替代。过往的以大量人力来满足话务需求的情况会越来越少。绝大部分的客户需求都可以通过智能化系统予以解决。这时候，业务需求将会变成“为那些高端客户提供定制化的人工服务”。而要达成这样的目标，传统客服就无法胜任了，我们将会需要高端客服，即那些能借助智能化平台，为高端客户提供多元化全方位的优质服务的服务管家。一个高端客服甚至能够承担起过往数个不同服务小组的服务角色。高端客服不仅需要懂自身的业务产品知识，还需要掌握周边相关产品或业务信息，能够和客户进行更广泛的沟通，甚至连天文地理知识都要有所涉及。这样一个服务管家或是高端客服的培养，光靠业务知识强化，或服务意识强化和沟通技巧提升是不够的。那些被我们忽略的和业务不相关的学习内容也将被重视。

或许会有人提出异议："高端客服的时代离我们现在或许还早。对于绝大多数的客户联络中心/客户互动中心来说，我们依旧是传统业务模式。"然而，我要告诉大家，未来可期，未来已来。我们必须从现在就要未雨绸缪。否则，说不定哪天醒来，我们就发现自己被行业淘汰。

当然，高端客服的培养也不是一蹴而就的，它必然需要一定的时间周期来实现。或许，又有看官会问："我们现在还是传统冲量的模式，就像你之前说的，并没有太多时间来提供那些看起来不重要的学习内容，哪怕用上了双休日，时间也不够呀？"

是的，对于很多已经意识到这一点的客户联络中心来说，这的确是一个问题。为了解决这个问题，"双轨制"职业发展体系中的"专业"路线就是为了给企业储备未来的"服务管家们"而设计的。我们在传统的业务课程设置之余，增加了针对不同业务职级的"发展类"学习课程，而为了能让学员在学习这些发展类课程时能更有效地利用学习资源和分配学习时间，我们参考大学的教学模式，推出学分制的概念来实现这一培养目的。接下来，我们就以"车联生活管家"这一设想的高端客服来解释学分制发展类课程体系如何建设。

对于设想的"车联生活管家"，我们假设他应该具备如下的岗位能力要求（图2-7）。

图2-7　"车联生活管家"岗位能力要求

通过分析，这些岗位能力要求又能变成课程需求（图2-8）。

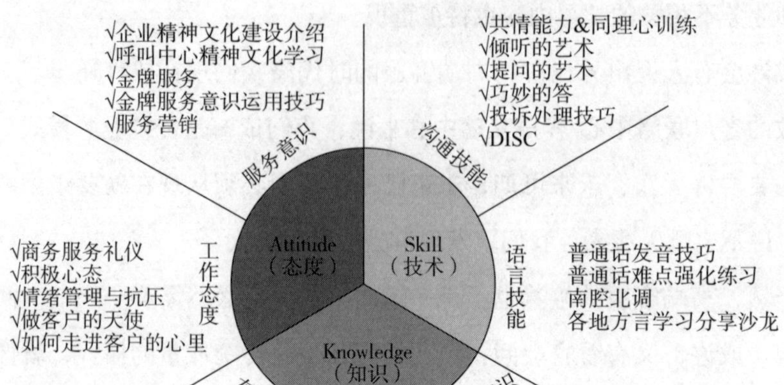


图2-8 课程需求

上述课程需求包含了业务类和发展类学习内容，而这些学习内容的确无法在短时间内被一一满足。因此，我们根据“专业职级”体系对这些课程需求进行拆分，根据不同的“专业职级”将课程拆分为“必修课”和“选修课”（表2-2）。“必修课”基本上偏向传统的业务课程范畴，而“选修课”则更多地偏向“当前看起来不是很重要的”发展类学习内容。

表2-2 “必修课”和“选修课”

| 序号 | 课程 | 课程分类 | 学分类别 | 分值 | 适用学员 | | | | |
|---|---|---|---|---|---|---|---|---|---|
| | | | | | 四星工程师 | 三星工程师 | 二星工程师 | 一星工程师 | 助理工程师 |
| 1 | 企业精神文化建设介绍 | 服务意识 | 必修 | 15 | | | ★ | ★ | ★ |
| 2 | 呼叫中心精神文化学习 | 服务意识 | 必修 | 15 | | | ★ | ★ | |

续表

| 序号 | 课程 | 课程分类 | 学分类别 | 分值 | 适用学员 | | | | |
|---|---|---|---|---|---|---|---|---|---|
| | | | | | 四星工程师 | 三星工程师 | 二星工程师 | 一星工程师 | 助理工程师 |
| 3 | 金牌服务 | 服务意识 | 必修 | 20 | | ★ | ★ | ★ | |
| 4 | 金牌服务意识运用技巧 | 服务意识 | 选修 | 15 | ★ | ★ | ★ | ★ | |
| 5 | 服务营销 | 服务意识 | 选修 | 20 | ★ | ★ | ★ | | |
| 6 | 共情能力 & 同理心训练 | 沟通技能 | 必修 | 25 | | | ★ | ★ | |
| 7 | 倾听的艺术 | 沟通技能 | 必修 | 15 | | | | ★ | ★ |
| 8 | 提问的艺术 | 沟通技能 | 必修 | 15 | | | | ★ | ★ |
| 9 | 巧妙地答 | 沟通技能 | 必修 | 15 | | | ★ | ★ | |
| 10 | 投诉处理技巧 | 沟通技能 | 必修 | 20 | | | ★ | ★ | |
| 11 | DISC | 沟通技能 | 选修 | 20 | ★ | ★ | ★ | ★ | |
| 12 | 商务服务礼仪 | 工作态度 | 必修 | 15 | | ★ | ★ | ★ | |
| 13 | 积极心态 | 工作态度 | 必修 | 15 | | | ★ | ★ | |
| 14 | 情绪管理与抗压 | 工作态度 | 必修 | 20 | | | | ★ | ★ |

续表

| 序号 | 课程 | 课程分类 | 学分类别 | 分值 | 适用学员 | | | | |
|---|---|---|---|---|---|---|---|---|---|
| | | | | | 四星工程师 | 三星工程师 | 二星工程师 | 一星工程师 | 助理工程师 |
| 15 | 做客户的天使 | 工作态度 | 选修 | 10 | ★ | ★ | ★ | | |
| 16 | 如何走进客户的心里 | 工作态度 | 选修 | 15 | ★ | ★ | ★ | | |
| 17 | 普通话发音技巧 | 语言技能 | 选修 | 20 | | | ★ | ★ | ★ |
| 18 | 普通话难点强化练习 | 语言技能 | 选修 | 20 | | | ★ | ★ | ★ |
| 19 | 南腔北调 | 语言技能 | 选修 | 15 | ★ | ★ | ★ | ★ | ★ |
| 20 | 各地方言学习分享沙龙 | 语言技能 | 必修 | 10 | ★ | ★ | ★ | ★ | ★ |

每一次“专业职级”晋升，都会先考察申请人的学分完成情况。“专业职级”晋升所需学分总数会根据“专业职级”的不同而有所区别。开放的课程学分总数理论上会大于所在“专业职级”需要的学分总数。然而，为了避免只靠修“必修课”学分就能“毕业”的情况，会对总学分中的“选修课”学分做具体要求。当然，随着“专业职级”的提升，“必修课”的数目会逐步减少，“选修课”的数量会逐渐增加，从“车联生活管家”的岗位需求出发，最终会要求“专业职级”在中高级的服务工程师完成80%以上的课程体系中的“选修课”学习。

如上我们的学分制课程体系就初步成型了。有了这个课程体系架构，接下来我们就能描绘出“专业职级”的学习发展地图，然后在地图关卡的设置上，根据相应“专业职级”业务和能力素质要求的重要性，将其分为线上线下、集体学习、自学和研讨学习等多种教学和学习模式。这样设置，学员就可以根据自己的专业职级、时间安排来进行相应的课程和学习方式选择。

至此，学分制课程体系建设的思路就和大家介绍完了。事实上，无论哪种培训体系的设计，我们都是为了给组织培养合格的适用人才。但是，请记住，我们不仅仅是在培养现在需要的人才，我们更要培养那些能满足未来需求的储备人才，这才是培训的价值所在。

## 第四节　业务专家和专家中心

有了学分制，培训会变得更加灵活和有趣。但是，这也加重了培训与发展团队的工作压力。对通常只有“小猫两三只”的培训与发展团队来讲，完成学分制所设定的繁多的课程开发，是一项不可能完成的任务。那要如何做呢?

俗话说“高手在民间”，这句话应用在客户联络中心也一样。在成熟的客户联络中心中，总会有一两个成员，他们不仅精通业务实操，而且了解管理，熟悉各类业务或管理流程；有新项目要做前，大家第一时间想到的就是向他们请教可以怎么做；当项目运营遇到困难时，管理者们往往也会第一时间向他们取经，寻求解决方案；他们在组织中承担了内部顾问的角色，在对外的交流中，他们被尊称为“业务专家”。所以，这项“不可能完成”的任务需要引入这些“业务专家”。那么该如何选择业务专家呢?

首先，我们要对业务专家与业务能手做个区分。业务能手，更多的是指在本岗位中具有领先的技能水平的那些员工，相较其他同事，他们通常会具备某种“绝招绝技”，如他们的工作质量和工作效率都是最突出的。从某种意义上来说，业务能手是业务专才。然而业务专家和业务能手相比较，或许他们没有像业务能手这样的“独门绝技”，但是，他们对业务的整体理解会更全面，不仅知道该怎么做，更知道该怎么管，业务专家更像是一个全才。来看看我们对业务专家职责的定义。

第一，能参与标准、流程的拟定和修订，从而提高制度的有效性。

第二，能分享经验，参与阶段性问题和重点课题的研究。

第三，能进行标准落地的监督、检查、纠偏。

第四，能辅导本专业条线员工的业务能力的提升。

从这个定义来看，一名合格的业务专家至少要具备如下4个方面的能力：

业务穿透能力：在某领域具有很强的专业水平，能够解决疑难杂症。

学习总结能力：知其然并知其所以然，能够把工作经验进行系统总结并方便传播。

培训带教能力：能够深入理解相关标准，通过各种方法有效地传播和落地实施，并乐于帮助他人发展与成长。

督导纠偏能力：善于发现问题，并通过分析，找到解决问题的方法和措施。

乍一看，要完全满足这样标准的“业务专家”好像也是不太容易的。那么，我们可以退而求其次。在这里，我们引入一个新的联络中心内部组织——专家中心。

严格来讲，“专家中心”里的成员并不是真正的“业务专家”，他们更多地还是那些乐于分享，愿意帮助组织和其他同事共同成长的热心员工。“专家中心”的宗旨是调动优秀员工参与到组织制度、流程、标准的制定和优化过程中，促进制度、流程、标准更符合一线的实际需求”。俗话说“三个臭皮匠顶的过一个诸葛亮”。“专家中心”从某种意义上来讲就是这些“臭皮匠”的集合。但是，这些热心员工通过“专家中心”这个平台的历练，最终能达到“及时总结工作经验和技巧，不断提升专业和管理能力”的目标，并成为真正意义上的“业务专家”。

那么怎么选拔“专家中心”的成员呢？首先，我们希望这些候选人的业务水平处在中等偏上，这个可以通过业务能力测试和平时的绩效成绩来判断；其次，这些候选人需要符合业务专家能力素质要求中的1~2条，我们可以通过组织专项业务答辩来考察候选人是否具备了这样的标准（表2–3）；最后，通过组织内部公示，来最终选定“专家中心”的成员。

表2–3 专家申请表

<table>
<tr><td colspan="4">个人信息</td></tr>
<tr><td>姓名</td><td></td><td rowspan="3">申请专家类别</td><td rowspan="3">□服务能手 □流程专精<br>□安抚专家 □技术达人<br>□电销能人 □访调高手</td></tr>
<tr><td>工号</td><td></td></tr>
<tr><td>最近一次绩效</td><td></td></tr>
<tr><td>项目组</td><td></td><td>班组</td><td></td></tr>
<tr><td>职级</td><td></td><td>岗位</td><td></td></tr>
<tr><td colspan="4">个人工作（项目）经历</td></tr>
<tr><td colspan="4"></td></tr>
<tr><td colspan="4"></td></tr>
<tr><td colspan="4"></td></tr>
<tr><td colspan="4">个人阐述</td></tr>
<tr><td>能力素质</td><td colspan="2">说明</td><td>个人阐述</td></tr>
<tr><td>业务穿透能力</td><td colspan="2">在某领域具有很强的专业水平，能够解决疑难杂症</td><td></td></tr>
<tr><td>学习总结能力</td><td colspan="2">知其然并知其所以然，能够把工作经验进行系统总结并方便传播</td><td></td></tr>
<tr><td>培训带教能力</td><td colspan="2">能够深入理解相关标准，通过各种方法有效地传播和落地实施，并乐于帮助他人发展与成长</td><td></td></tr>
<tr><td>督导纠偏能力</td><td colspan="2">善于发现问题，并通过分析，找到解决问题的方法和措施</td><td></td></tr>
</table>

续表

| 其他 | 经验及特长 | | |
|---|---|---|---|
| 申请人 | | 申请日期 | 年 月 日 |
| 综合评估（以下内容由评估人及反馈人填写） | | | |
| 评估意见 | □通过 □未通过 □备选 | | |
| 评估人 | | 评估日期 | 年 月 日 |

“专家中心”的组建是第一步，接下来则是通过安排专项课题，让这些“专家中心”成员参与其中。这类专项课题可以是当前组织管理中的热点问题，或者是某个业务痛点，如参与核心业务场景培训模块开发项目、参与业务流程改进（BPI）项目等。平时，也可以赋予“专家中心”成员一定的权限，如以下三种。

监督纠正权：在促进标准落地和监督检查过程中，对所参与的项目有监督纠正的权利。

奖惩建议权：对所监督检查的业务内容和相关人员有奖惩建议权。

知识评审权：参与制度、流程、标准的制定和优化。

总之，要让“专家中心”的成员充分发挥他们的“光和热”，在攻克一个个专项课题的过程中，使他们自身的业务能力、认知水平和管理意识都能够得到成长。并且，通过组合不同业务模块的任务，慢慢地促使他们往真正的业务专家的方向发展。

当然，“专家中心”本身也要有一定的内部奖惩机制。我们可以开展年度的专家级别评审（表2–4），根据“专家中心”各成员的参与度、贡献度，从“帮扶培训、督导纠偏，或科研创新等维度”，结合支援效果和反馈评价等内容进行整体评估，最终评选出“合格专家”“优秀专家”，并授予荣誉证书来激励这些成员，促使他们往真正的“业务专家”的目标前进。而对于年度评审不合格的成员，则予以淘汰，然后从组织内部选拔出新的血液来补充到“专家中心”，最终将“专家中心”打造成真正的人才库。

表2-4　专家级别评估表

<table>
<tr><td colspan="4">个人信息</td></tr>
<tr><td>姓名</td><td></td><td rowspan="3">专家类别</td><td rowspan="3">□服务能手　□流程专精<br>□安抚专家　□技术达人<br>□电销能人　□访调高手</td></tr>
<tr><td>工号</td><td></td></tr>
<tr><td>最近一次绩效</td><td></td></tr>
<tr><td>项目组</td><td></td><td>班组</td><td></td></tr>
<tr><td>职级</td><td></td><td>岗位</td><td></td></tr>
<tr><td colspan="4">个人阐述</td></tr>
<tr><td colspan="4"></td></tr>
<tr><td colspan="4">综合评估（以下内容由评估人及反馈人填写）</td></tr>
<tr><td rowspan="2">专家资质评定</td><td>综合绩效</td><td colspan="2">□10 □9 □8 □7 □6 □5 □4<br>□3 □2 □1</td></tr>
<tr><td>参与度</td><td colspan="2">□10 □9 □8 □7 □6 □5 □4<br>□3 □2 □1</td></tr>
<tr><td rowspan="2">专家资质评定</td><td>贡献度</td><td colspan="2">□10 □9 □8 □7 □6 □5 □4<br>□3 □2 □1</td></tr>
<tr><td>创新力</td><td colspan="2">□10 □9 □8 □7 □6 □5 □4<br>□3 □2 □1</td></tr>
<tr><td>专家称号评定</td><td colspan="3">□优秀专家　□合格专家　□取消专家资格</td></tr>
<tr><td>评估人</td><td></td><td>评估日期</td><td>年　月　日</td></tr>
</table>

有了“业务专家”和“专家中心”，多样化的培训就变得可以实现了。那么，请继续跟随我来看看应如何结合专家外援来完善培训课程库。

实践案例：BPI项目中的业务专家

BPI的全称是Business Process Improvement，即业务流程改进。BPI项目的出发点是帮助客户联络中心不断优化和改善相应业务流程，提升一线客户专员工作效率，减少内耗，从而实现快速响应、高效解决客户问题的目标。BPI项目会由运营支撑团队发起，通过召集内部业务专家、质检人员、绩效分析师等成员组成专项小组，通过六西格玛等方法，对某个现存的业务进行深度剖析，并最终给出优化建议方案。之后，运营团队会安排专项小组测试新的方案，而BPI小组则会在这个过程中全程跟进，并进一步完善方案。最终，在验证了新的业务实施方案有效的前提下，在整个客户联络中心予以推广。有时候，BPI项目还会涉及所在企业其他部门共同参与，是真正意义上的跨部门协同作战。

在BPI小组中，业务专家是一个不可或缺的角色，他们通常都是客户联络中心资深的业务骨干，对相应业务非常熟悉，能准确地反馈出当前业务流程所存在的不足，并能根据自己的经验给出合理的建议。之后，在业务专家们的建议基础上，BPI小组中运营支撑团队的成员和绩效分析师才会更有侧重点地去优化相关业务节点，从而达到改善业务流程的目的。而在后续的新业务流程测试环节，BPI小组中的业务专家也会是直接的测试参与者，他们凭借对改进前后业务流程的熟悉优势，能更快地发现缺漏，帮助BPI小组取得第一手的验证材料，为项目最终的成功打下基础。

## 第五节　业务培训的私人定制

如果你是负责运营的管理者，发现自己团队近期存在某一个非致命缺陷准确率得分上有些低，你希望培训能就此问题安排一两场强化课程，结果你得到的是一些“方法论和案例分享”学习；如果你是一名新业务负责人，你负责的新业务就要上线，你希望培训能在业务知识之外安排一两门沟通技巧的课，结果你的确得到了沟通技巧的培训，但这个培训看起来又不完全针对你的业务特色；如果你是电销经理，你希望通过培训来提升一线电销员的异议处理能力，结果上完课后一线员工的确了解了不少异议处理的方法，但在实际应用时，却依旧不知所措；如果你是一名培训经理，面对前面这些抱怨，你会觉得很委屈，因为“培训不是万灵药一学就会的，培训需要有持续的跟踪和落地！”

类似的运营（业务）与培训之间的矛盾，我相信在各类客户联络中心都有可能发生。究其原因，固然有培训需求方对培训结果的预期有误差，也不排除培训本身因各方面原因只能提供通用类的培训服务，从而无法达成业务方的期望。每当这类矛盾发生时，运营（业务）方的管理人员就会在心中默念“要是能定制业务培训该多好啊！”

业务培训能做到“私人定制”吗？在“双轨制”管理模式下，我们正在让这个问题的答案成为现实。

私人定制需充满个性化的内容，拿到培训上来说，要实现定制，必然要全面了解业务需求，甚至深入业务之中，之后再据此开发针对性的培训教材。这往往需要讲师投入大量的时间和精力，偶尔一两门课或许还可以做到，但若每一次业务培训都要做到定制化，那就成为“不可能完成的任务了。”

有没有办法解决呢？在此，我们引入了敏捷开发的方法论。百度百科对“敏捷开发”的解释是：“以用户的需求进化为核心，采用迭代、循序渐进的方法进行软件开发。软件项目在构建初期被切分成多个子项目，各个子项目的成果都经过测试，具备可视、可集成和可运行使用的特征。换言之，就是把一个大项目分为多个相互联系，但又可以独立运行的小项目，并分别完成，在此过程中软件一直处于可使用状态。”

将敏捷开发的概念引入业务培训开发中，简单来说就是将核心业务场景模块化，然后通过组合不同的场景模块，实现对特定业务培训需求的解构。这么做，对于业务需求方来说，最终呈现给他们的课程是最有针对性的定制化课程；对于培训团队来讲，则只需要在初期做好模块化操作，之后的工作更多的是模块选择和组合的过程，从而节约了大量的培训前期准备和开发时间。

那么，什么是核心业务场景？谁能来定义？对于第一个问题，我们认为可以通过对业务的分析找出符合“刚需”“痛点”“高频”的业务场景，如订餐服务中客户信息确认环节就可以算是一个核心业务场景。对于第二个问题，我们选择“业务专家”来做核心业务场景的定义。那谁是“业务专家”？在上一节我们提到的专家中心的成员就是。

好了，方法论有了，专家也到位了。接下来就是做核心业务场景固化和模块化的工作了。这个过程不需要花上几天，只要找间“小黑屋”，将专家和培训讲师关在里面，最多1～2天，他们就能“交作业”了。概括来说，就是让专家们根据自身经验和对业务的熟悉度，以“刚需”“痛点”“高频”为标准选出核心业务场景，然后和讲师一起针对该核心业务场景的特点，提炼出对应的业务能力素质要求，之后再根据提炼出来的业务能力素质要求编制对应的知识学习包和历练任务包。

依旧以订餐服务的客户信息确认环节为例，在这个业务场景中，假设专家们提炼出客服人员需要具备“认真尽责”“结果导向”“理解能力”这三项能力。然后定义出“理解能力”需要客服学习“聆听”和“总结复述”这两个知识点，于是专家们设计了这两个知识点的学习要点，并且又编写了一些聆听和总结复述的练习任务。其他两个能力素质也是如此操作。就这样，一个固化的核心业务场景培训模块“确认客户信息”就完成了。

今后，若是有业务培训需求涉及“确认客户信息”的业务场景，讲师只需要在开发培训课件时，选择将“确认客户信息”的培训模块纳入课程之中即可。就像这样，一个个相对独立的核心业务场景培训模块最终组合成了符合业务培训需求的定制化培训课程。

需要注意的是，核心业务场景培训模块中的历练任务包可以根据外部业务环境的变化不定期地组织专家们予以更新，以满足业务的迭代变化。同时，对于核心业务场景也需要组织定期进行梳理，只有不断地完善这个业务场景培训模块库，才能在业务需求不断变化的互联网时代，始终满足业务培训私人定制的需求。

## 第六节　多一种选择的见习制

无论什么组织，人才都是稀缺资源。但是，很多时候，我们偏偏又留不住人才。在客户联络中心，我们专门设立了一组指标来考核管理人员对人才的育和留，这组指标中，最基础的就是流失率，另外还有平均服务年限、晋升率、转岗率等。然而，在实际的运营过程中我们发现，或许流失率可以控制，平均服务年限也能用一些管理方法延长，可是晋升率、转岗率有时候却不容易达成。为什么？

曾经做过一次小范围的行业调研，从调研的结果来看，虽然联络中心管理岗或职能岗（如质检/培训）的员工稳定性要高于普通一线客户专员，但也在无意中造成了一线员工发展的瓶颈和障碍。俗话说一个萝卜一个坑，在业务规模比较稳定的联络中心，管理岗/职能岗与一线客户专员的配比也是固定的，多数情况，只有这个岗位有空缺了，才有机会从一线再提拔。为了解决这种“僧多粥少”的问题，我们引入“双轨制”，用专业职级来激励员工，帮助员工在专业能力上得到发展。可这还不够。

初始的时候，大多数的员工的专业职级都比较低，向更高一级挑战成为大家的动力。但是，随着时间的推移（2~3年），有些员工会依旧朝着专家级努力，可更多的员工因为积累不足或个人原因，会选择停留在某个自己比较满意的专业职级（通常是专业职级3级或4级）。这时候，静极思动，一部分员工就开始想，我是否可以换个岗位看看？

我们知道，专业职级3级或4级的员工基本上都是业务骨干，这类员工是联络中心最大的财富。在我们的“专家中心”，基本上都是这类员工在担任“专家”的角色，他们已经逐渐开始尝试为组织出谋划策。这时候，如果这些员工因为想换岗或谋求其他职业发展选择离开，对组织来说会是一个不小的损失。

前文已经提到，业务规模比较稳定的联络中心，岗位需求相对也是比较稳定的，不可能为了留住3级或4级的业务骨干，而开设出许多新的岗位。为了解决这一问题，我们在“双轨制”的基础上，推出了“见习制度”。

何谓“见习”？顾名思义，就是看着学习。组织虽然没法给出带编制的岗位，但提供一些类似实习岗还是有可能的。见习制度就是让那些达到3级或4级职级的员工，通过“半工半读”的方式，在他们想要转岗的岗位上进行实习。

见习，又分成两大类，一类是“职位见习”，注重内部管理能力培养，主要以培养各级管理人员为主，如见习经理、见习主管、见习组长。另一类是“岗位见习”，注重业务能力培养，主要以培养特殊或紧缺岗位为主，如见习项目数据分析师、见习质量监督员、见习投诉处理员、见习培训师等。见习的周期一般定为6个月，通过6个月的见习，员工对所见习岗位会有相对完整的认知，同时，也能帮助员工清晰自己的规划，明确自己是否真的想要留在这个见习岗位上？

具体来说，见习可以分为培训期、带教期、实践期和评估期四个阶段。

（1）培训期。见习开始时，所有符合报名见习标准的见习生会集中在一起，组成一个见习班。这个见习班会有差不多一周的脱产培训。培训的内容主要涉及基础管理知识和技能，常见职能岗位的工作职责介绍等。

（2）带教期。培训班结束后，见习生会根据见习的岗位类别进行带教。职位见习带教是由资深管理人员充当带教导师的角色，在为期2周的带教阶段，见习生需要和导师学习实际的日常管理工作。通常，1个导师最多会带教3个见习生。岗位见习带教则是由相应职能岗位安排一名带教导师，由这名导师来指导见习生日常的工作内容，岗位见习的时间也是2周。无论哪类见习，带教期也都是全脱产的。带教期的最后一天，导师会和见习生一起制定“见习工作任务表”，作为下阶段的辅导和评估依据。

（3）实践期。实践期是见习生真正应用自己在培训期和带教期所学到的知识和技能的阶段，也是整个见习周期中最长的一个阶段，一般来说为5个月。结束带教期后，见习生们会重新回到自己原来的团队。

职位见习生会被要求带领原团队中的3~4名新/次新员工，他既要保证这些员工的工作业绩和质量，同时也被要求协助所在团队的主管，处理每日工作报告的整理和业绩数据的分析。此外，职位岗见习生还会被要求保证每周一定时数的客户服务数。

岗位见习生每天有至少一半的时间完成原岗位的工作内容，剩下的时间则是要协助见习岗位的工作。比如，质量监督员见习，每天要求完成30通电话的监听及评分，每周还会要求参加见习岗位的部门例会。对于岗位见习生来说，如何协调本职工作和见习岗任务是一门值得深思的课题。

当然，在实践期，之前带教期的导师会每周与自己负责的见习生进行工作复盘，帮助见习生更好地完成见习任务。在整个过程中，见习生或者导师都有权提出退出见习的申请。

（4）评估期。见习的最后一周即为评估期。这个阶段是对见习工作的综合考评，见习生需要准备一份见习报告在最后一天予以答辩，导师需要在答辩结束后，根据之前的“见习工作任务表”填写“见习职位/岗位评定表”（表2–5）。最终的见习评估结果会在答辩结束后的一周内予以公示。

表2–5　员工见习职位/岗位评定表

| 部门 | | 组别 | |
|---|---|---|---|
| 员工姓名 | | 员工工号 | |
| 工作年限 | | 本部门工作时间 | |
| 原职位 / 岗位 | | 见习职位 / 岗位 | |

续表

<table>
<tr><td>见习期开始日</td><td></td><td>见习期结束日</td><td></td></tr>
<tr><td>主要工作内容</td><td colspan="3"></td></tr>
<tr><td>自我评定</td><td colspan="3">（可附页）</td></tr>
<tr><td>部门同事评定</td><td colspan="3">（可附页）</td></tr>
<tr><td rowspan="2">导师评定</td><td colspan="3">□优秀　□良好　□合格　□不合格</td></tr>
<tr><td colspan="3">导师：　日期：</td></tr>
<tr><td rowspan="2">部门评定</td><td colspan="3">□优秀　□良好　□合格　□不合格</td></tr>
<tr><td colspan="3">经理：　日期：</td></tr>
<tr><td>见习结论</td><td colspan="3">□直接晋升　□完成见习　□延长见习期</td></tr>
</table>

通过最终评估的见习生都会得到一张见习合格证，并会得到如下的优先机会：

（1）见习岗位的优先晋升。

（2）各类员工评优的候选对象。

（3）优先获得业务培训和学习锻炼的机会。

（4）其他岗位的优先见习资格。

见习制度，帮助员工拥有更广阔的职业选择权，同时也让组织在人才培养上有了一个新的渠道。

实践案例：导师，职业之路的引导者

在客户联络中心的见习制度和IDP计划（个人发展计划）中，都会有一个导师角色。

导师是谁？导师是指引者，是过来人。这个角色通常是由客户联络中心的资深管理人员担任。比如，你是一个质量监督员见习生，你的导师就会是质量保障部门的负责人；又如，你是人才盘点1类人员，作为优秀管理储备干部，你的导师就是客户联络中心的负责人。

导师需要做什么？作为过来者，导师很清楚被培养对象当前所处的职业状态，知道TA想要什么，需要怎样的辅导并且该如何给予指引。所以，在一开始，导师会和被辅导对象一起仔细讨论TA的成长计划，帮助被辅导对象制定切实可行的执行方案并达成共识。之后，在计划实施开展的过程中，导师会定期与被辅导对象回顾已经执行的成长任务，在分析任务完成的优劣程度同时，又会做一些积极的正向心理建设，鼓励被辅导对象勇敢面对前方的挑战，继续向前进。当见习完成或IDP计划达成时，导师就成为和被辅导对象一起欢呼庆祝的见证者。

导师，是人才在职业发展之路上一个清晰的榜样，也是前进的灯塔。所以，为了确保每一个导师都能符合上述标准，我们还是会有相应的导师认证过程，安排专业的导师课程，只有完成学习和认证的客户联络中心资深管理人员，才有资格成为真正的导师。

## 第七节　小徽章，好榜样

文化，是一种能够被传承和传播的思维方式与价值观念；

组织文化，是一个组织由其价值观、信念、处事方式等组成的特有的文化形象；

荣誉文化，是组织文化的组成部分，是组织文化的延伸和深化，是提升组织凝聚力、向心力、员工荣誉感、竞争意识的有效载体。

很多客户联络中心组织都有自己特有的组织文化，在双轨制人才培养体系中，我们也关注组织文化的宣传和深化，会和运营团队一起开展各类相关活动，如文化墙、技能竞赛、读书会、流动红旗……所有这些活动都有一个核心思想，就是要培养员工对组织的认同感和荣誉感。但是，我们也发现了一个普遍的现象：当某一个活动开展的时候，员工的荣誉感和认同感的确会有所提升，可一旦活动结束，这些认同和荣誉又渐渐淡漠。因此，为了持续激发，只能不断地开展更多的文化活动。虽然活动多了，表面上看起来很热闹，效果或多或少有一些……但是，组织一场活动不是一两天就能做好的，这期间会牵涉很多部门、员工的精力与时间，而且活动多了，员工也会疲乏……有什么方式可以既简单又能在潜移默化中激起员工的荣誉感和认同感呢？在这样的思考中，我们启动了荣誉徽章计划。

在双轨制人才培养体系下，我们有不同的针对性的人才发展项目，如TTT，Buddy认证，储备管理干部，业务专家……每一个培养项目的参加学员在完成一系列认证考核后，都会获得一张“结业证书”，代表他们获得了相应的职业资格。每当给完成认证的学员颁发证书时，他们脸上都会展现出自豪的笑容，而旁边其他员工也会向他们露出羡慕和佩服的神情。于是，我们就会思考，有什么方法，可以让这样的自豪笑容在平时也能一直保持呢？

我家里的小孩在读幼儿园时，学校老师会给小朋友发小红花贴纸。每一天，每个小朋友回家的时候都会很高兴地和家长说，今天我得到了几朵小红花，并且会给你看贴在衣服上的小红花贴纸。表现越好的小朋友，衣服上贴的小红花也越多。其他小朋友看见了，都会露出羡慕的神情，而有小红花的小朋友更会不自主地挺起胸膛。

受到小红花政策的启发，我们最终推出了自己的“小红花”——客户联络中心的荣誉徽章。什么是荣誉徽章？首先，它是一个小小的徽章，有一个别针可以别在衣服上或工牌带上。其次，它的形状不全是固定的圆形或方形，会根据认证项目的特点做一些定制。再者，一个徽章对应一个项目，徽章上的图案、颜色也都会根据这个项目的特色有自己的代表色，并且每个图案都有自身特别的寓意。最后，这个徽章只有完成了相应认证项目的学员才有资格佩戴，是一种荣誉和认同的象征（图2–9）。

图2-9　荣誉徽章

当然，荣誉徽章也并不只是荣誉的象征，它也是一种责任。佩戴相应荣誉徽章的员工，其代表的也是一种相应的角色。如带绿色Buddy徽章的员工，若是有新人找他求助，他就必须给予帮助；又如带有储备干部徽章的同事，需要在领导不在的时候，主动站出来承担一定的团队协调工作。在新员工培训阶段，我们会告诉每一位新人，遇到困难可以寻找哪一种相应徽章的员工求助。荣誉徽章对其佩戴者来说，即是对自己的肯定，也是一种鞭策，更是一种激励。

荣誉徽章的推出，为客户联络中心的文化宣传增加了一种常规手段，它不再需要额外的活动组织和安排，在每一天的工作中就自然而然地体现。员工们也会争取从无徽章者变成佩戴一个甚至多个徽章者，这在他们眼中也是自己职业发展的一种见证。

## 本章小结

客户联络中心因巨大的服务压力，会更侧重业务类培训，认为只要是能提升业务能力的课就是好课。这样的思路导致传统的客户联络中心培训变得单一和重复。同时，在管理人才的培养上也因缺乏体系化而导致人才储备不足，进而出现管理人员青黄不接的现象。所以，客户联络中心的人才培养与发展也是需要做好规划，并且使其体系化和系统化。基于“双轨制”人才发展思路而建立的客户联络中心人才培养发展体系，不仅将员工的横向、纵向发展途径做了系统定义，而且通过课程学分制、专家中心、业务培训定制化、岗位见习制等多种制度手段，进一步确保了客户联络中心内部人才发展的实施落地。最后，再以荣誉徽章的形式将制度手段转化成员工自发的认同行为，从“要我学”变成了“我要学”。

# 第三章
# 培训师的修炼

培训师是客户联络中心一个值得信赖和尊敬的角色，他们满足了基本的培训需求，更是推动了客户联络中心人才发展的落地。培训师的修炼，是从专业角度来看如何把培训做得更好。

## 第一节 培训有风险，慎入

对任何一个行业来说，培训都是不可或缺的，这对客户联络中心来讲，尤为重要。然而，我们谈培训，讲人才培养，却很少讨论培训本身存在的风险。其实，从项目管理的角度来看，或者从产品管理的视角来看，培训作为一个产品或一个项目，它依旧存在着这样或那样的潜在风险，只有做好培训的风险管理，才能让一场培训授课、一个培训项目、一份培训产品真正获得成功。那么，客户联络中心的培训究竟存在着哪些风险？

培训最大的风险就是“因为业务部门觉得投入在短期内看不到回报而被拒绝”。根据相关的理论，我们知道，知识类、技巧类的缺失是可以通过短时间内的学习得到强化，属于“看得见”的提升；而素质类、能力类的提升却不是立竿见影的，需要一定的时间和投入。但是，往往这种不能马上看到成效的培训，却又是有着长远影响的，这时候，如何选择培训课题，如何用数字或事实来说服业务，就是对培训管理者的一种考验。

当然，对于看得见的知识、技巧类培训，也不是想开就能开的。通常，业务部门还是会给培训算一笔账。套用ROI公式，培训回报率=培训后提升带来的收益/培训开展的成本。这里的成本不仅包括因培训而实际投入的人力成本等，还包括如果不选择培训直接让员工继续干活而损失的机会成本。或许有读者会说“我们在每一次培训完成后都会评估该培训的实现效果”。很好，你们做了培训效果评估，但是，课后的效果评估往往是从培训的结果来计算培训提升带来的收益，而让业务大佬们点头同意去开展相关培训时，还未看到的收益是无法作为实际依据来作证明的，这时候，就要从相应知识技能缺失所带来的严重程度来进行举证。

综合的来举一个例子：假设某个客户联络中心某一季度的服务问题如

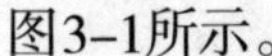
图3-1所示。

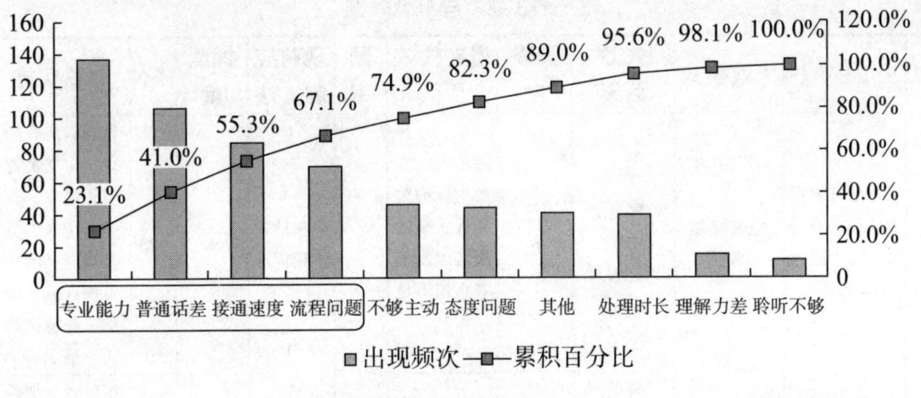


图3-1　服务问题

通过回访客户，收集到前四项的客户之声，然后用QFD方法[1]聚焦优先解决项（表3-1）。

表3-1　QFD分析法举例

| 客户需求 | 重要程度 | 加强诚信意识培训 | 增加基础业务知识的培训 | 提升聆听和理解能力 | 要求服务时需要匹配客户环境，而不是硬套流程 | 完善相应的转接话术 | 需要精简服务话术 | 分数 |
|---|---|---|---|---|---|---|---|---|
| 没有按照允诺客户的时间给予回电 | 5 | 9 | | 3 | | | | 60 |
| 复杂一点的业务问题回答不满意 | 3 | | 9 | 3 | | | 3 | 45 |
| 抓不住问题的关键，造成一个问题分几次问 | 5 | | 5 | 9 | 3 | | | 85 |
| 转接电话应答速度要加快 | 2 | 3 | | | 3 | 9 | | 30 |
| 缩短解决问题的时间，或是提前跟客户沟通好解决流程 | 3 | | 3 | 5 | 9 | | 3 | 60 |
| 专业语言太多，望更大众些 | 4 | | 3 | 1 | 3 | | 9 | 64 |
| | | | | | | | | 0 |
| | 关联程度 | 51 | 73 | 88 | 60 | 18 | 54 | |

最后，再用FMEA分析[2]法整理出具体解决方案，RPN分值越高越需要重

[1] QFD的基本原理就是用“质量屋”的形式，量化分析顾客需求与工程措施间的关系度，经数据分析处理后找出对满足顾客需求贡献最大的工程措施，即关键措施。

[2] FMEA是在产品设计阶段和过程设计阶段，对构成产品的子系统、零件，对构成过程的各个工序逐一进行分析，找出所有潜在的失效模式，并分析其可能的后果，从而预先采取必要的措施，以提高产品的质量和可靠性的一种系统化的活动。

视（表3–2）。

表3–2　FMEA举例

| 输入 | 失效模式 | 失效后果 | 严重度 | 潜在失效原因 | 频率 | 现有控制方法 | 探测度 | RPN | 建议实施 |
|---|---|---|---|---|---|---|---|---|---|
| 要求服务时需要匹配客户环境，而不是硬套流程 | 坐席硬套流程 | 降低CSAT；增加投诉 | 8 | 流程标准太死板；坐席灵活度及服务意识不足 | 8 | 逐步放宽流程标准 | 5 | 320 | 将现有流程简化、定义关键流程信息，其他给予坐席更多空间灵活性发挥；需要增加服务意识的培训 |
| 提升聆听和理解能力 | 不能理解客户的具体诉求 | 降低CSAT；AHT增加；增加投诉 | 6 | 坐席理解能力；业务知识不熟练 | 3 | 培训、TL辅导 | 3 | 54 | 招聘时增加聆听的考评；加强相应的技能培训和训练 |
| 增加基础业务知识的培训 | 无法回答客户的基础业务问题 | AHT增加；降低FCR；降低CSAT | 3 | 业务知识的掌握不足 | 2 | 培训、TL辅导 | 2 | 12 | 增加业务知识的巩固培训；完善知识库 |

通过上述三个步骤，就能将接下来的培训方向予以确认。

至此，通过上述方法，培训项目立项风险暂告缓解。接下来就是培训课程的开发，这涉及培训课程是否真的能解决问题达到预期目标的风险。对于这类风险的解决思路如下：

知识类培训可以考虑“寓教于乐”或者直接强化记忆；技巧类培训则重在安排实践；素质能力提升的项目，则需要设计好培养周期，分阶段开展。

需要清楚一点，无论讲师选择传统的课程开发模式还是敏捷开发模式，培训课程的设计开发过程一定要让听众参与，越多越深入地与业务合作，最终的培训效果也会越和预期一致。

当培训课件开发并试讲通过后，我们不要急着开始大规模授课，可以尝试安排一个组进行演练。讲师通过演练，不仅可以真正完成一次全过程的授课环节，并且能借以发现单纯试讲阶段无法获悉的问题。这些问题，很多只是授课细节上的安排，完善这些细节才能真正让授课趋于完美。

好了，接下来就可以安排正式授课时间了。我们会发现，有不少客户联络中心的培训会安排在员工休息日。不可否认，这样排课是为了避免影响业务。但它却影响到了员工的休息。我们也尝试过把休息日培训作为加班处理。然而，加班既会增加人力成本，同时也存在一定的法律风险（劳动法对加班时长是有明确规定的）。根据我的经验，员工投票和滚动开课的排课方式值得一试。

培训与发展团队可以在每个月底通过邮件或者内部学习系统，公示下个月会开设的几门课程名称及简介。然后，让目标受训学员自主投票上课日期。之后，讲师会将几门课程的投票结果反馈给业务排班部门，请他们在做排班的时候参考，从源头做到尽量规避“加班”或“休息日”上课的风险。此外，讲师也会根据课程投票结果，把相应课程的开课日期安排在投票相对集中的1~2周内，以滚动开课的方式排课。当然，为了避免课时过长而影响到正常业务作息，这也反过来要求讲师在课程开发设计时，要尽量做到“短小精炼”，选择培训“场景化、模块化”。

授课完成不代表培训完成。要保证培训目标的达成，课后跟踪也是很重要的一个实施环节。讲师要在一开始的时候就想好并设计出合理有效的学习落地计划，这个计划需要学员配合，也需要业务主管们协助。而讲师本人更需要积极跟进，并及时提供补充辅导。

从立项到实施，我们终于来到了收尾环节。在这个环节，有两件事情是需要开展的，一个是培训评估，另一个是项目复盘。从培训风险管理的角度来看，培训评估最大的风险是结果不如意。这样的结果可能是课程设计环节出了问题，也可能是授课过程的问题，概括来说，主要就是：讲师对需求的理解有偏差，学员对授课内容的理解不足或无法掌握，讲师的课后落地跟踪计划不到位。要避免这三个风险，就需要讲师按照本文之前所说的方法一步步来操作，从而保证整个培训操作过程和培训质量的可控性。

最后，一个培训课程或培训项目结束时，一定一定要组织复盘，可以邀请业务主管、专家中心一起参加。复盘要从头回顾，看看整个培训还有什么地方可以做得更好？并且，要将经验教训记录下来，供以后开展类似课程或项目的时候参考。

看，组织一次成功的培训就是要避免这么多坑！这里所列的培训风险还只是大的方面，还会有很多的细节需要讲师们和培训组织者们根据自身经验予以排查。所以，培训有风险，请慎入！

实践案例：培训师的角色分配

"双轨制"人才培养和发展体系下的客户联络中心培训师不仅仅只是一个讲师，他们本身会承担着更多的人才培养和发展任务。就我的经验来看，我会将客户联络中心的培训师归为三大类：专注课程开发的培训师、侧重业务培训的培训师和关注人才发展的培训师。

（1）专注课程开发的培训师。这类培训师拥有比较丰富的课程开发经验，知识面较广，善于提炼案例，能对问题进行归纳总结。除了开发课程，授课之外，他们还会承担TTT项目（内部讲师培训项目），负责辅导兼职讲师（内训师），协助完善整个客户联络中心的各级讲师队伍建设。

（2）侧重业务培训的培训师。这类培训师基本上都曾经在运营团队工作过，也曾直接做过一线客户专员。所以，他们对客户联络中心的业务、流程、管理等会更熟悉，与运营团队的沟通也会更紧密。他们在完成授课任务的同时，还会承担各类培训项目管理工作，如新员工的"客服代表初级岗位认证"项目，或者是"Buddy认证"项目等。

（3）关注人才发展的培训师。这类培训师比较多的是从外部招聘而来，他们有丰富的人才培养经验，主要会担负起客户联络中心人才梯队建设的工作，如各级领导力发展项目，也会负责客户联络中心内部文化建设的工作，如荣誉徽章体系。

当然，上述三类培训师的角色分配也不是一成不变的，我们会鼓励培训师互相轮换工作角色，去其他相应模块尝试，这何尝不是另一种培训师的职业发展呢?

## 第二节　客户联络中心内训师成长之路

客户联络中心里有一群特殊的成员。平时，他们和普通服务专员一样默默地为客户提供高质量的服务。但是，当有新人入职，或者有一些业务培训开展的时候，这些成员又会摇身一变，成为站在台上的人。是的，他们就是客户联络中心的内训师。

当内训师站在投影幕前，受到前方数十位学员瞩目，特别看到一些新同事带有崇敬的目光时，内训师心中必然会有一种油然而生的自豪。同时，也会有一种深深的责任感。或许，每一个人都会希望自己能有这种“万众瞩目”的体验，但并不是每个人都能够成为一名合格的内训师。那么，要成为内训师，需要哪些“与众不同”的能力呢？如表3-3所示。

表3-3　内训师的条件和应具备的十大能力

<table>
<tr><th>工作经验及业绩</th><th>十大能力</th></tr>
<tr><td rowspan="10">入职一年以上，符合以下条件之一：<br>1. 连续3个月“星计划”评定在四星以上或KPI绩效在团队前30%以上员工（Sales除外）<br>2. 担任Group Leader及以上管理岗位员工<br>3. 担任质检等Function工作员工</td><td>沟通能力</td></tr>
<tr><td>表达能力</td></tr>
<tr><td>协调能力</td></tr>
<tr><td>人际关系</td></tr>
<tr><td>授课能力</td></tr>
<tr><td>学习能力</td></tr>
<tr><td>冲突管理</td></tr>
<tr><td>组织能力</td></tr>
<tr><td>组织能力</td></tr>
<tr><td>解决问题</td></tr>
</table>

如上是我曾经服务过的客户联络中心内训师任职资格。我们可以看到，

内训师的任职资格可以拆分成工作经验/业绩和能力要求这两大部分。而在工作经验/业绩模块这部分，则会和双轨制评定中的岗位技能评定挂钩。这也保证了所选拔的内训师的业务能力。

若一个员工具备了上述任职资格条件后，只是说其是一名潜在的内训师。若想真正站在讲台前授课，还需要经过一系列的训练。接下来，我们就来看看内训师的认证流程（图3–2）。

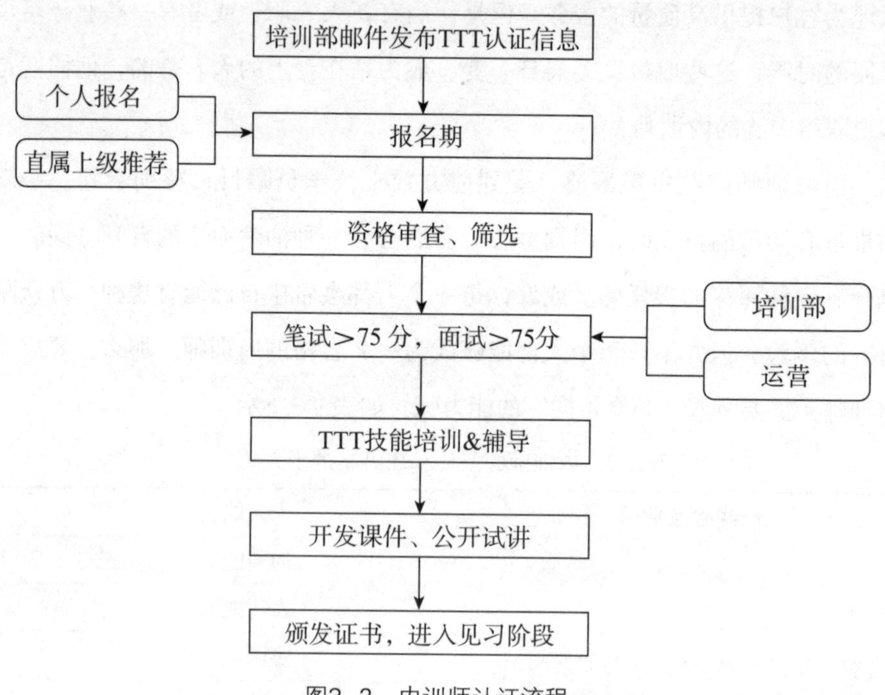


图3–2　内训师认证流程

可以说，只有经过上述“过五关，斩六将”的认证过程，一名普通员工才能成为一名储备讲师。没错，是储备讲师。完成讲师认证的过程，只是证明了员工初步具备了内训师的理论知识和基本技能。但要真正独立授课，还需要予以更多的辅导。在我的经验中，这一辅导过程通常会持续0.5~2个月，具体时间会根据储备讲师认证时所选的主讲课程难易程度而定。

当储备讲师经过至少三次独立试讲，并且通过最终独立授课评估后，储备讲师才能有资格从储备变为见习讲师。接下来，对见习讲师会有三个月左右的考察期，通过对每一次授课的评估反馈与辅导，见习讲师最终才会有机会将“见习”二字去掉，成为一名光荣的客户联络中心内训师。

至此，从普通服务专员到客户联络中心内训师的第一步正式完成。然而，这并没有结束，恰恰是作为内训师的开始。为了更好地培养内训师，我们通常会从两个层面予以辅导。

辅导一：通过数据帮助内训师成长。（1）和客户联络中心的其他岗位一样，内训师的授课水平好坏，也是要用数据说话的。我们会通过MiniTab（现代质量管理系统）的数据分析来发现内训师的不足，进而分析其问题所在，找出潜在的待提升点。

辅导二：定期的技能授课与研讨。（2）培训技巧来自实战，同时，也来自理论。虽然，从业务角度来看，内训师们对于业务知识的掌握都比较熟练。但是，他们对培训的理论知识和技巧的掌握还远远不足。所以，开展定期的内训师技能提升培训是非常有必要的（表3–4）。

如图3–4所示，我们在培训课程体系中就有专门的内训师提升课程，这些课程的内容包括培训授课的方方面面。通常，每个季度会组织一场正式的内训师技能课。每个月会举办一次主题讲师研讨会，由内训师和专职讲师一起交流经验，分享成功案例，帮助内训师们持续的成长。

表3–4　培训课程

| 培训课程 | 课时（小时） |
|---|---|
| 讲师课堂礼仪 | 1 |
| 心理学在培训中应用 | 3 |
| 针对 90 后的培训设计 | 2 |
| 课堂控场技巧 | 2 |
| 培训小游戏的应用 | 2 |

续表

| 培训课程 | 课时（小时） |
|---|---|
| 培训项目开发 | 3 |
| 培训课程开发 | 3 |
| 高效率学习 | 2 |

除了上述辅导外，对内训师的年度审核也是内训师培养机制的一个重要组成部分。内训师会有专门授课考核指标（表3–5）。

表3–5　内训师授课考核指标

| 考核项目 | 达标标准 |
|---|---|
| 工作绩效 | 培训满意度（5 分制） |
| | 培训合格率 |
| | 培训流失率 |
| 工作绩效 | 更新知识及时率 |
| | 常规工作完成率 |
| 个人能力提升 | 学习完成率 |
| | 分享 / 跟听评分（10 分制） |

每年会组织一次内训师资格评审会，主要的标准就是考核这些指标的完成情况。若有内训师年审不达标，则会取消其内训师资格。这对于已经成为内训师的成员来说，是一种鞭策。内训师，只有在不断的授课过程中，才能真正提升其培训技巧和能力。但这也意味着内训师们要平衡好日常工作、休息和授课之间的关系，并且，需要他比其他普通员工有更多的投入与付出。

当然，有投入必定会有回报。坚持下来的内训师们，在其未来的职业发展上，除了可以往专职讲师的道路发展，很多内训师也具备了比其他服务专员更好的个体素质，他们往往更容易往管理岗方向发展。所以，内训师的培养又可以算是客户联络中心储备管理人才培养的重要环节。

## 第三节　像产品经理一样开发课程

谁是产品经理？有人说“产品经理是满足特定人群在特定场景下的特定需求。”也有人认为“产品是从想法构思到用户实际使用的负责人。”那么，从这两个定义来看，培训师也可以称为产品经理，而我们的产品就是培训课程。像产品经理定义说的那样，培训师是基于特定的培训需求（客户需求）开发了一个培训课程（产品），并最终给客户完成授课（产品交付）的负责人。所以，让我们一起来看看培训师是否可以用产品经理的思维来开发我们的培训课程呢？

先来看看传统的培训课程开发是怎样的一个过程？

在传统的培训课程开发中，培训师会先根据自己的理解，基于前期调研的基础，把培训框架搭起来，然后去搜集素材，最后把素材填充进框架中。但是，这样设计出来的课件，其实还是讲师自己认知的内容，于是会通过试讲环节再逐步完善，最终变成可以正式开课的课程。

再来看看当前在产品经理们之间流行的敏捷产品开发过程是怎样的？

简单来说，敏捷开发就是“每次只设计和实现这个产品的一部分,然后逐步完成的方法。”在这里，每次设计和实现的一个阶段就叫作一个迭代。采用这种方法，开发工作可以在需求被完整地确定之前启动，并在一次次迭代中完成系统的一部分功能或业务逻辑的开发工作。再通过客户的反馈来细化需求，并开始新一轮的迭代。这样的好处是可以让最终的成品更加贴近客户的真实需求。

对比两者，我们发现了什么区别？

最大的区别就是在于“用户参与”和“短期聚焦”。在敏捷开发中，产品经理不是一开始就把整个需求全部吃透，而是拆分需求，把容易理解的先处理，还不明确的就放一放。之后，则会在短期内把需要先处理的部分做出来，并和客户沟通确认后，根据他们的反馈再对不明确的需求予以细化。如此迭代，最终得以把符合客户需求的产品完整呈现。

现在，让我们用敏捷产品开发的思路重新梳理培训课程的开发过程。

敏捷课程开发模式更强调最终听众的参与。所以，在整个培训课程开发的过程中，都需要让学员参与进来，而不是在试讲阶段才邀请他们。另外，敏捷课程开发也不是一上来就把所有的培训框架都先搭建好，而是先找到几个核心点，把这几个核心的东西先做出来，然后在得到最终听众确认后，再围绕核心点予以扩充和丰满。这样设计出来的课程才是更符合听众认知，才能真正解决他们想要解决的问题。

那么，在客户联络中心的培训课程开发中，我们可以怎么来应用敏捷方法呢？举个例子，假设要开发一个“提升客服代表理解能力”的课程。培训师需要先找业务专家把涉及该能力的典型应用场景描绘出来：如客户语速太快的场景，客户有口音导致关键信息无法确认的场景等。

然后，拿着这些典型应用场景找一线的客服代表，让他们看完后反馈，在这几个典型场景中，最大的困难是什么？把痛点记下来。比如，在语速太快的场景中，痛点可能是来不及听，或跟不上；又如在有口音的场景中，痛点可能是不懂方言。

接着，培训师要在最短的时间内基于场景痛点做出相应的课件案例，然后给一线客服代表确认，案例是否真的体现了他们的痛点？若答案为否，则要再次确认后及时调整；若答案为是，则可以请业务专家告诉你，对于这几个痛点最佳实践经验是怎样的。如语速快可以请客户说慢点，或者可以将听到的内容和客户再做确认。培训师再根据业务专家给出的最佳实践经验，将关联的知识点逐步提炼出来，如重复和反馈，要及时提问等。

需要注意的是，敏捷课程开发注重的是实用，要将理论融入实践之中，不需要讲太多的理论,而这也是为什么要更多依赖一线客服代表的关键。

确认了知识点后，培训师就可以根据“一个场景痛点案例+实用知识点+模拟实践”的模式按次完成一个课程模块的设计。每次完成一个模块，可以马上邀请业务专家和之前给予反馈的一线客服代表进行非正式的试讲，请他们再次协助确认这个模块是否真能解决痛点问题。一旦通过确认，培训师就可以开始下一个课程模块的开发。

通过如上方式，最终将几个课程模块组合到一起，一个“提升客服代表理解能力”的课程就开发好了。当然，课程初版开发完成后，还是需要再次安排正式课程的试讲。这就和产品开发的测试环节一样，属于最终交付前的产品验证。只有经过了正式试讲合格的课程才能最终面向更广泛的学员授课。

至此，敏捷课程开发真的就结束了吗？不！严格来说，这才是刚刚开始。在敏捷开发理念中有一条叫作“快速迭代”，应用在我们的课程开发中也是一样的。当培训师完成一轮授课，看到学员的培训反馈后，若发现有任何好的建议或想法，不要犹豫，立刻把它们更新到你的课程中。哪怕只是课件配色的问题，或者是某个可以打动你的新案例，都值得去迭代课程版本。请记住，只有通过不断地改善和提升才能真正打造出精品课程。

最后，让我们总结一下像产品经理一样开发课程的关键步骤：

（1）定义业务场景，找出能力痛点。

（2）制作案例模块，及时调整完善。

（3）参考最佳实践，提炼知识要点。

（4）组合场景案例，设计配套练习。

（5）及时安排试讲，迅速优化迭代。

实践案例：开发一个领导力沙盘课程

有一年，我们负责领导力发展的讲师小刘参加了一个外部课程。回来后，她很兴奋，觉得要模仿这次外训的授课模式，自己开发一个沙盘类的领导力培训。那开发什么主题呢？小刘找到运营经理，运营经理找来几个新晋组长。新晋组长们和小刘反馈，虽然之前也参加过OPLE，对日常管理工作也都清楚但当实际到了岗位上，还是遇到了许多管理困惑。于是，经过这次访谈，讲师小刘决定开发一门能够解决新晋组长们管理困惑的沙盘课程。

之前访谈的时候，小刘已经让新晋组长们把自己的管理困惑写了下来。

小刘回到办公室后，将这些困惑整理归纳成五个大类，然后再次找到运营经理，请他提供些解决建议。运营经理看后又找来了两名资深老主管，他们也都是我们专家中心的成员。老主管们看了小刘整理的问题，将自己的经验分享给了小刘。至此，基本的案例素材都齐了。

接下来，小刘开始开发她的沙盘课程了。既然是沙盘类课程，就有别于传统的培训模式，要更多地体现寓教于乐的特点。小刘决定将这五大类问题拆分成五个游戏关卡。她先着手把第一个关卡游戏设计出来，并且在培训发展部做了一次试演，同事们都给出了积极的反馈。之后，小刘再次找到之前提出问题的几个新晋组长和那两名资深主管，也给他们试演了这第一个游戏关卡。这几名参与者对这个新的培训模式很感兴趣，他们非常热情地和小刘探讨了这个沙盘课程的设计方案，并且就之前给出的那些问题和解决建议进行了补充，使小刘的第一关卡变得更加丰满而有趣。

就这样，每增加一个游戏关卡，小刘就向新晋组长和资深主管们试演一遍，在他们的帮助下，终于完成了她的这门领导力沙盘课程。当课程终于面向所有一线管理者开课时，收到同事们的一致好评和看到他们高涨的学习参与热情，小刘满足地笑了。

## 第四节　将培训效果数字化

无论是哪个行业的培训，效果的评估都不是件很容易的事情，由于培训有时候是一个系列的课程，会有较长的培训周期，因此，我们会发现要真正说明其中某一次培训的效果如何，无疑是有困难的。就算是比较容易判断培训效果的产品类培训，如果想要对每个受训学员的培训效果做出有效分析也是有难度的。

但是，作为一个完整的培训流程中不可或缺的组成部分，培训评估是必不可少的。这不仅能够帮助企业确认培训效果是否达到了预期的标准，更能帮助培训管理部门对每年的培训支出费用做好有效评估，从而令有限的培训成本能够得到最大限度地利用。

客户联络中心，作为一个几乎全量化管理的行业，将其数字化管理的特点运用到培训效果评估管理时，上述的问题在一定程度上将得到有效的解决。

## 一、培训评估的类型

一般来说，培训评估的管理流程如图3–3所示。

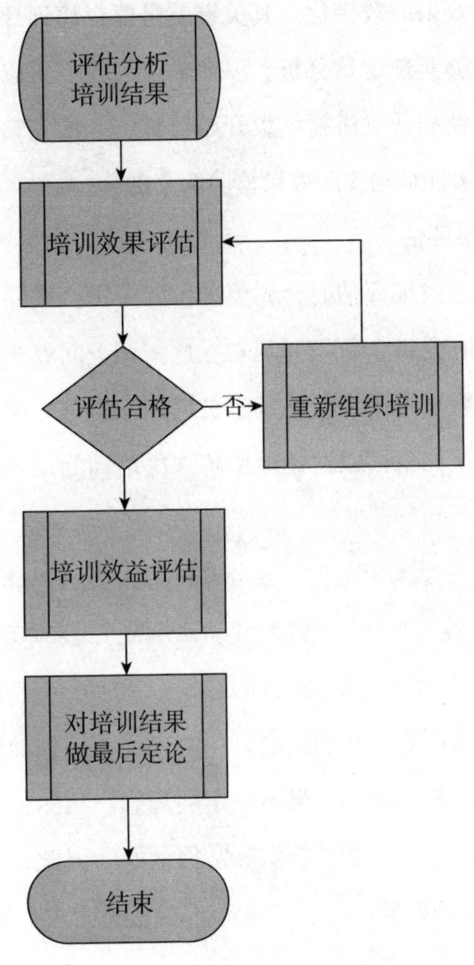


图3–3　培训评估的管理流程

如流程图所示，根据实际需要，我们可以将培训的评估工作分为两大类，一类称为培训效果评估，另一类称为培训效益评估。培训效果评估，主要是对培训所取得的实际效果进行分析，即检测学员在接受培训之后是否能将相关知识运用到实际工作之中。培训效益评估，主要是从成本管理的角度，对某一培训项目进行全面的收益分析，进而来判断该培训项目是否值得推广，其性价比是否高。

## 二、数字化培训效果

如何做到培训效果的数字化？其关键就是要在培训评估过程中做好各项记录工作，使其能够实现定量分析。一般来讲，我们可以将一次培训的效果评估工作从这次培训的课堂讲授结束开始计算。一次完整的培训效果评估可以分为培训现场效果评估与实际效果检验两个部分。

### 1.培训现场效果评估

在进行培训现场效果评估时，先要准备好一份调查问卷，当培训课程结束时，马上组织所有受训学员填写问卷。这张调查问卷主要涵盖课堂气氛、教学方式、课程内容、讲师专业性及学员培训心得等方面的问题。通过分析学员的填表结果，我们就可以清楚地了解这次培训的现场效果如何，就课堂效果来说是否达标。

需要注意的是，在设计问卷时，要考虑到之后的统计分析，所以，问卷中的答案可以选用表示程度差异的词语或用数字计分的方式来体现问题的取值变化。

总之，现场效果的评估作为培训效果评估的第一环节，它往往可以帮助我们及时发现培训可能存在的问题。一般来说，培训课堂现场如果缺少互动、学员参与较少，其实际的效果不一定会理想。当然，一些非常生动、热烈的培训现场也并不意味着学员的实际掌握就好。因此，我们必须对实际的培训效果进行进一步的检验。

## 2.实际效果检验

在对培训的实际效果检验时，我们通常需要质监部门的协助。具体来说，从培训结束的第二天开始至以后的一个月内，质监部门的QC（质量控制员）或QA（质量分析员）将针对此次培训的内容进行针对性的监听打分。假设这是一次关于电话礼仪的培训，那么在培训结束后的录音监听过程中，质检员将更加关注质量评分表中有关礼仪礼貌和规范用语方面的内容。

对于实际效果的检验，关键是比较培训效果评估周期结束时的历史质监成绩，可以最终以图表形式来反映培训前后有关培训内容的质监成绩变化（图3-4~图3-6）。

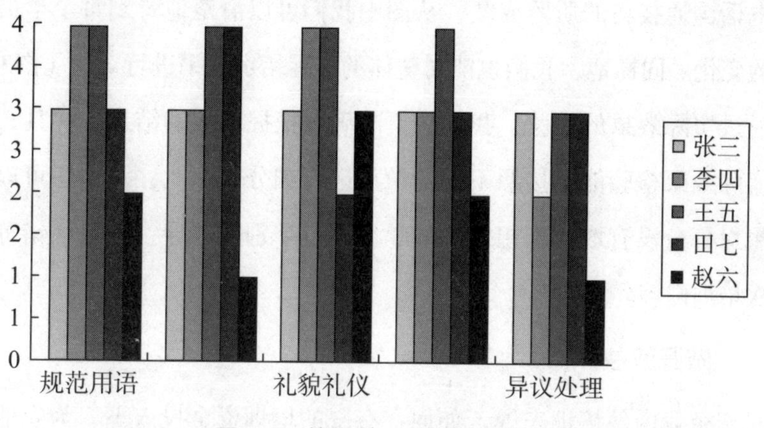


图3-4 培训前一周质监成绩

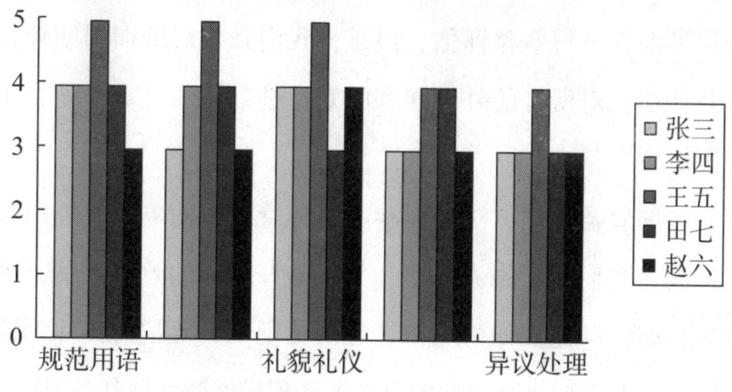


图3-5 培训结束后一周质监成绩

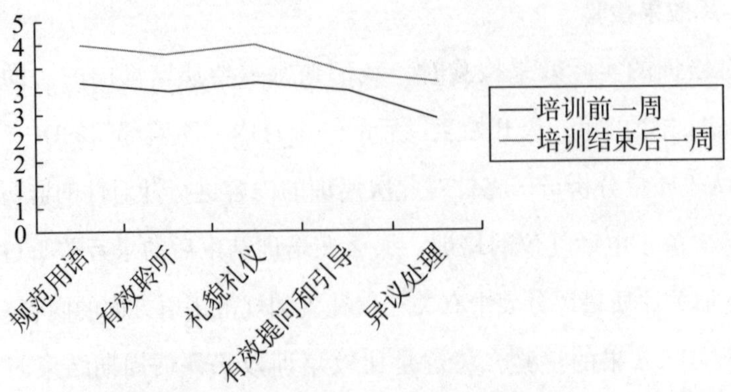


图3-6　培训前后一周总质监成绩比较

依旧以电话礼仪的培训为例，图3-5和图3-6分别是六位学员培训前后一周的电话沟通技巧的质监成绩，从图中我们可以清楚地看到每个学员在培训前后的变化。同样地，我们也能对整体的实际培训效果进行对比（图3-7）。

通过实际效果的检验，我们将更准确地把握培训的结果。并且，由于这样的实际效果检验能够按照不同的学员进行细分，因此，我们还可以针对这一结果对部分没有取得理想效果的学员进行个别的辅导，通过纠错等形式巩固这次培训内容。

## 三、做好效益评估

对于企业内部培训来说，如何在有限的培训资金投入下，为企业带来最佳的培训效果，这就需要我们做好培训效益的评估工作。我们不需要对每一个单独的培训课程进行效益评估，但是，我们必须对培训周期较长的培训项目进行效益评估，对所有的外训课程的效益进行评估，对季度、年度的培训效益进行评估。

有关具体的效益评估方法可以参考财务管理中的成本管理内容，在此不做赘述。但是，我们需要强调的是，为了做好培训的效益评估，平时在组织开展培训工作时，一定要做好培训课程历史记录，要记清具体的课程时间、参与人数以及培训资金，这三项内容将关系到最终效益评估的真实性。

客户联络中心离不开员工培训，而一次真正有效的培训将会给一线的工作人员在工作上带来实际的帮助。我们相信，在数字化管理的思路下，量化的培训评估方式，必将为培训管理部门提高培训效果发挥重要的作用。培训现场效果评估表如表3-6所示。

表3-6　培训效果评估表

感谢你参加此次课程培训。为了更好地提高课程质量，请给出你的宝贵意见。
在接下来的部分中，请根据每句话的描述选择相应的分值，用圆圈标识。

| 课程名称：<br>培训讲师：<br>参加培训日期： | | | | | | |
|---|---|---|---|---|---|---|
| | 完全同意 | 同意 | 部分同意 | 不同意 | 完全不同意 | 不适用 |
| A. 培训目的 | | | | | | |
| 1. 课程符合预先设计的目标。 | 5 | 4 | 3 | 2 | 1 | □ |
| 2. 课程符合您个人的期望和目标。 | 5 | 4 | 3 | 2 | 1 | □ |
| B. 课程内容和关联性 | | | | | | |
| 1. 课程的内容符合你的接受水平。 | 5 | 4 | 3 | 2 | 1 | □ |
| 2. 课程内容对你的工作有是实用和有帮助的。 | 5 | 4 | 3 | 2 | 1 | □ |
| 3. 课程是按照一个合理的顺序进行教授的。 | 5 | 4 | 3 | 2 | 1 | □ |
| 4. 你完全能明白课程中所传达的内容和定义。 | 5 | 4 | 3 | 2 | 1 | □ |
| 5. 你将会把所学习到的内容和技巧运用到你今后的工作中去。 | 5 | 4 | 3 | 2 | 1 | □ |
| C. 课程和活动 | | | | | | |
| 1. 课堂练习 / 活动是有助益和价值的。 | 5 | 4 | 3 | 2 | 1 | □ |
| 2. 课件和讲义是经过精心准备的。 | 5 | 4 | 3 | 2 | 1 | □ |
| 3. 在培训过程中有充分的讨论和练习时间。 | 5 | 4 | 3 | 2 | 1 | □ |
| D. 讲师的培训质量 | | | | | | |
| 1. 对培训课程，讲师是进行过精心准备的。 | 5 | 4 | 3 | 2 | 1 | □ |
| 2. 讲师能有效地传递课程内容。 | 5 | 4 | 3 | 2 | 1 | □ |
| 3. 讲师能使受训人员积极参与到课堂活动中来。 | 5 | 4 | 3 | 2 | 1 | □ |
| 4. 讲师能有效地答复受训人员提出的问题。 | 5 | 4 | 3 | 2 | 1 | □ |
| 5. 讲师能按照既定计划开展培训课程。 | 5 | 4 | 3 | 2 | 1 | □ |
| | 完全同意 | 同意 | 部分同意 | 不同意 | 完全不同意 | 不适用 |
| E. 其他 | | | | | | |
| 1. 你积极参加了课堂活动。 | 5 | 4 | 3 | 2 | 1 | □ |
| 2. 培训过程中视频和音频设备能良好地运转。 | 5 | 4 | 3 | 2 | 1 | □ |
| 3. 你对于课程的质量感到满意。 | 5 | 4 | 3 | 2 | 1 | □ |
| 4. 你会向其他人强烈推荐这一课程。 | 5 | 4 | 3 | 2 | 1 | □ |
| 5. 课程本身让你感觉很乐趣。 | 5 | 4 | 3 | 2 | 1 | □ |
| 6. 课程持续时间比较适中。 | 5 | 4 | 3 | 2 | 1 | □ |
| F. 全面评价<br>1. 你对培训课程的哪部分最感兴趣？ | | | | | | |

续表

| 2. 你对培训课程的哪部分最不感兴趣？ | |
|---|---|
| 3. 有什么额外的课题你认为可以加入本课程中吗？ | |
| 4. 任何没有上述评分说明中列出的？ | |
| G. 受训员工行动计划<br>根据所学，请列出何种技能或知识能运用到你目前的工作中去。 | |
| 填写人 | 日期 |

## 第五节　用数据来评价内训师

要评价一个内训师的水平，就看这个讲师培训时的课堂反应以及课后的学员评价。说难也有些难，我们很难有准确的量化数据来判断一个讲师究竟是好还是差？今天，我们尝试依靠六西格玛方法，通过数据分析来判断内训师的水平。

首先，我们来看需要多少抽样数据？假设我们要评价的内训师有5人，用MiniTab中的“单因子方差分析的功效和样本数量”来确认样本数（图3–7）。

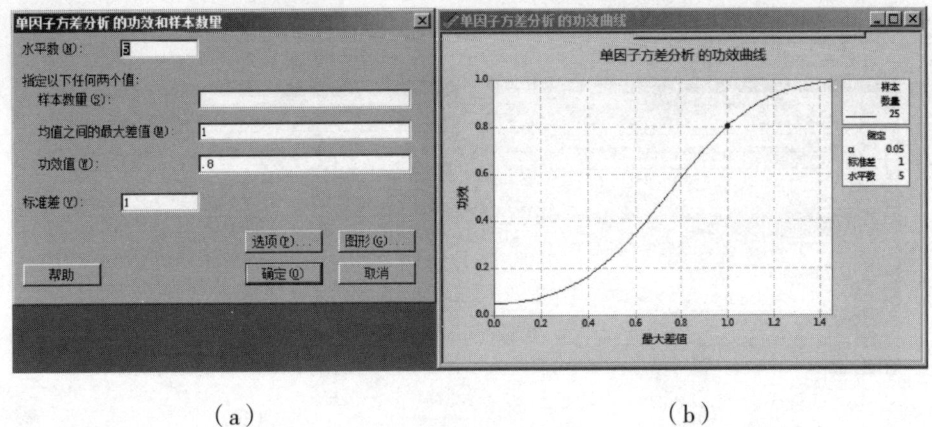


（a）　　　　　　　　　　　　　（b）

图3–7　单因子方差分析

注：在设置“差值”时，若希望评测的精度高，如精确到0.1，则样本量就会越大。

接下来，用ANOVA（方差分析）检验评价5位讲师的授课水平是否一致，如图3–8所示。

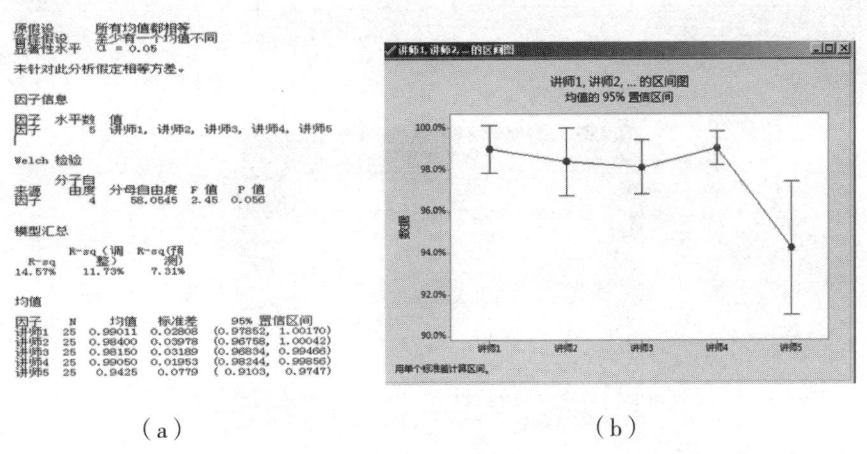


（a）　　　　　　　　　　　　　（b）

图3–8　讲师授课能力分析

单纯从图3–8（a）的数据看，*P*值=0.056>α，说明5位讲师的授课水平力基本相等。但从图3–8（b）的区间图来看，讲师5的能力会比其他4位讲师略低。

其次我们对5位讲师的授课状态进行I–MR控制图分析（图3–9）。我们会发现，在这5位讲师中，讲师5的授课状态波动起伏最大；讲师1、讲师2、讲

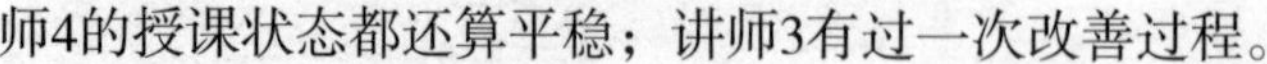

师4的授课状态都还算平稳；讲师3有过一次改善过程。

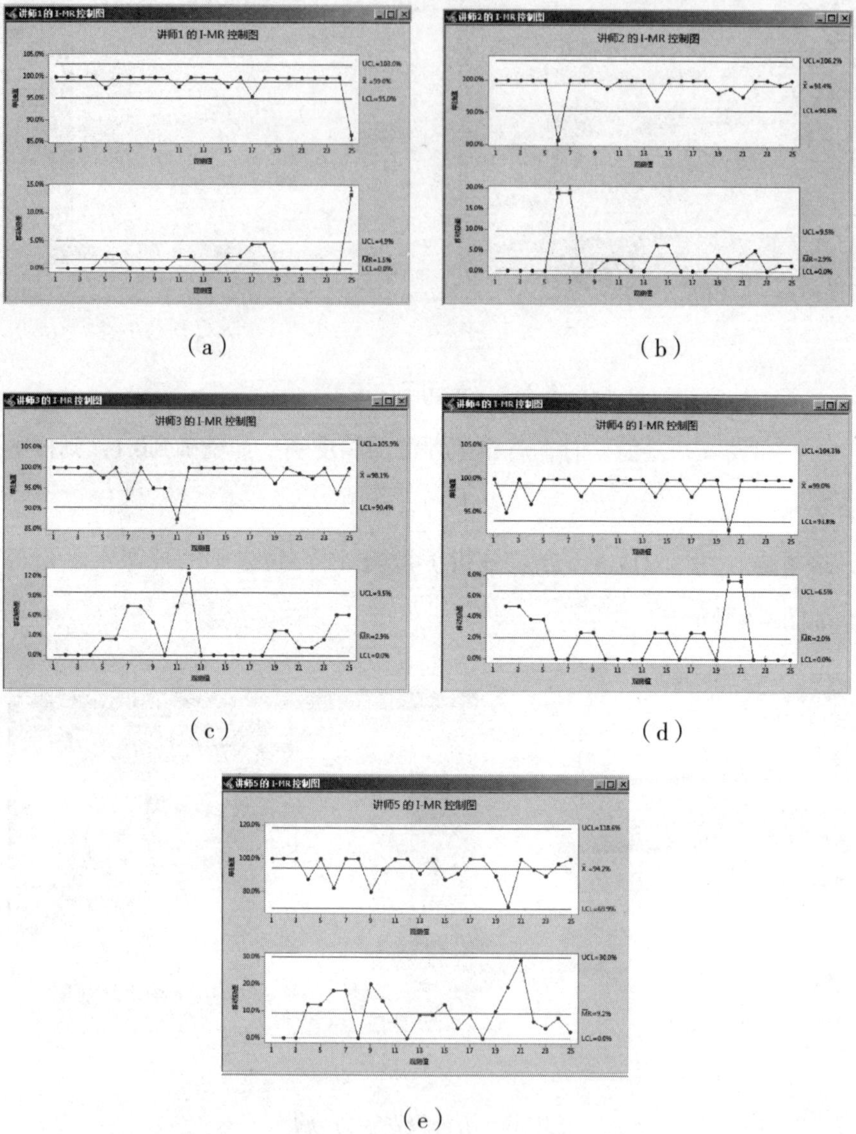

（a）　　（b）

（c）　　（d）

（e）

图3-9　讲师的授课状态

最后，综合上述的分析判断，讲师1属于比较资深，讲师2属于比较稳定，讲师3属于需要关注，讲师4属于值得培养，讲师5属于不成熟的讲师，还需不断提升。

## 本章小结

培训项目管理从一开始就要做好风险控制，培训师的修炼其实就是在这些风控节点上做到最好。无论是敏捷课程开发，还是培训效果评测；无论是内训师认证，还是量化评估内训师，都是为了让客户联络中心的培训真正能达到预期目标，让培训的结果能真正满足员工们的成长需要。

# 第四章
# 业务条线人才培养

俗话说，“光说不练不是真把式”，任何一个体系建设都要经过实验的检验。从新员工培训到新人教练的培养，基于双轨制理念的实战，带你走近客户联络中心的人才培养与发展。

## 第一节　用职业锚辅助员工发展

以前做培训的时候给学员讲过一个故事：

有一名百货公司员工，他最大的毛病就是上班爱打盹儿。对于这样的员工，主管该怎么处理呢？令人意想不到的是，他的主管并没有开除这个员工，而是安排这名员工到街上卖睡衣。这名员工在街上一边卖，一边就睡着了。顾客也认为睡衣的质量绝对过硬，有催眠的功能，因此睡衣非常畅销。

这个故事告诉我们一个道理：只有在真正适合自己的岗位上，才能让员工发挥出自身的价值。那么，新的问题来了，作为管理人员或作为员工本人，我们该如何知道自己真正适合哪一个工作岗位呢？

在人才胜任力模型中有一个冰山模型（图4–1），它将人的能力分成外显和内隐两个部分。其中，外显部分主要就是知识和技能，这是属于可见的，

图4–1　冰山模型

可以通过培训等手段予以改进；内隐部分则包括了社会角色、自我概念、特质和动机，它们是深藏的，但却决定了一个人的性格、兴趣、职业倾向等，同时，它们也是难于培训，只可逐步改善。所以，想要知道一个人究竟适合什么岗位，就需要通过一定的心理学测试方法来找出其内隐部分。

心理学测试的手段有很多种，就我的经验来看，通常选择的是职业锚测试来辅助员工的职业发展。什么是职业锚?

职业锚又称职业系留点，是指当一个人不得不做出选择的时候，他无论如何都不会放弃的职业中的那种至关重要的东西或价值观。实际就是人们选择和发展自己的职业时所围绕的中心。而职业锚测试就是通过职业锚问卷来协助组织或个人进行更理想的职业生涯发展规划。

从实际操作来讲，就是让被评测者在10分钟内完成40道问卷。之后根据问卷选择的结果予以计分，得到的分值就可以大致估算出这个员工的职业倾向。在职业锚评测中，将职业倾向分为八大方向，而问卷的得分也能通过图表显示，从而让测试者比较直观的看到自己更适合往哪个职业方向发展（图4–2）。

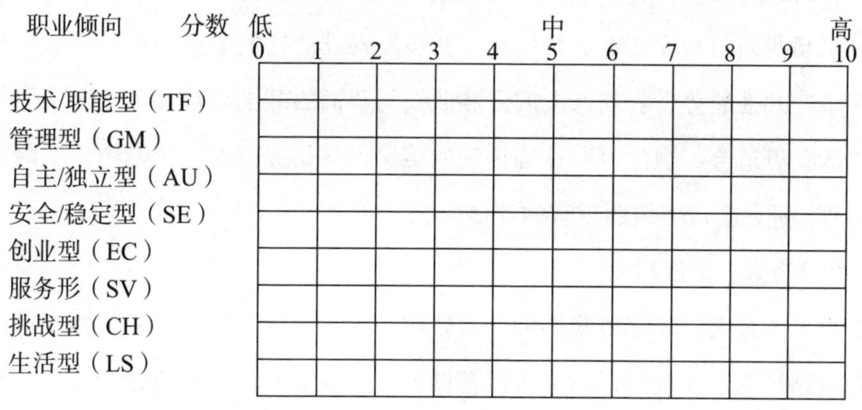


图4–2 职业锚评测

至此，通过职业锚评测，我们可以大致知道自己的职业倾向是怎样的了。接下来，就要将测评结果予以应用了。职业锚的应用可以用在选人上，也可以用在育人中。但无论是用在哪里，都需要先积累对比数据建立常模。

我们的做法是：首先，组织已在职的各岗位优秀员工完成职业锚测评；其次，基于他们的测评结果，画出共性的岗位职业倾向线性图；最后，以这个共性的图作为今后结果比对的基准（图4-3）。

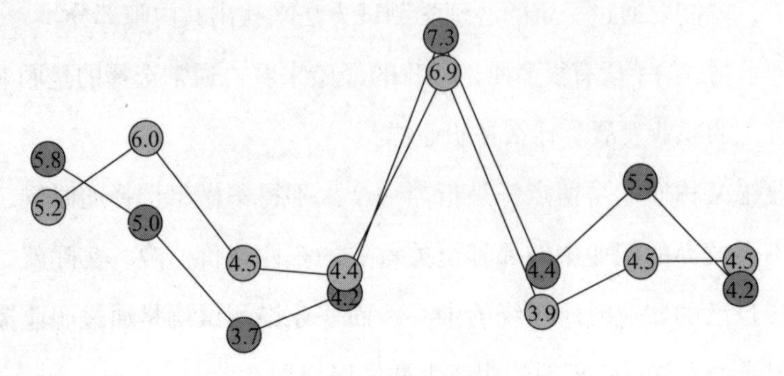


图4-3　岗位职业倾向共性

1.“选人”的应用

在面试阶段，可以安排给候选人做一套职业锚问卷，然后将候选人的评测结果与我们的测评基准进行比对，初步发现其潜在的职业倾向是否符合相应岗位的共性趋势。若候选人的评测曲线与我们的基准比较接近，这个候选人可能会更适合。当然，职业锚评测的结果也只是提供了一种参考，实际录用与否，还是要以各级面试官的评估为准。

2.“育人”的应用

再来看育人。还记得我们的“双轨制”人才培养制度吗？双轨制中有两条发展路径，职业锚测评结果可以帮助员工大致了解自己更适合什么样的职业，同样的，与选人的方法类似，通过与基准的比对，我们也可以知道要在相应路径发展，需要注意职业提升的侧重方向（图4-4）。TF–技术/职能型；GM–管理型；AU–自主/独立型；SE–安全/稳定型；EC–创业型；SV–服务型；CH–挑战型；LS–生活型。

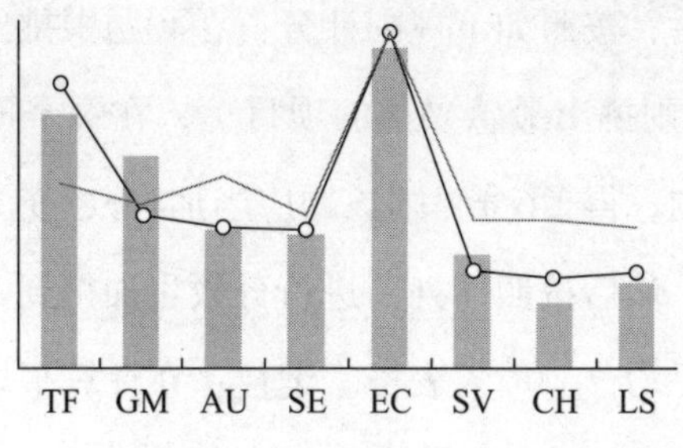


图4-4 职业提升的侧重方向

在双轨制人才培养中，我们会在见习培养期间就让学员做职业锚测评，从而帮助他们更好地定位自己的发展方向，然后选择更合适的见习岗位轮岗学习。而在主管培养中，也会让新晋主管们再做一遍职业锚评测，这时候还会配合其他的性格测试，如DISC（人类行为语言）,MBTI（迈尔斯布里格斯类型指标）等，从而让新晋主管们能更清晰地认识自己，在培养主管个人管理风格上更有的放矢。

需要补充的是，职业锚并非一成不变的，它也是自我意向的一个习得部分，是个人同工作环境互动作用的产物，在实际工作中是不断调整的。所以，我们才会在不同的育人阶段开展职业锚评测，也是帮助员工及时了解自身职业倾向的变化。

职业的发展不会总是一帆风顺，我们需要及时知道自己内心真正想要的是什么，并能坚守本心，在困难险阻下，迎难而上。职业锚评测，就是给我们点燃了一盏在职业发展迷雾中指明自身前进方向的明灯。巧用职业锚，助力职业成长。

职业锚评测问卷

请在10分钟内完成问卷。

选择原则：

（1）依照自己的真实感觉。

（2）不要去考虑好与坏。

（3）选择与自己最接近的选项。

（4）完成答题后，按照如下规则计分：在40题中挑出三个得分最高的项目（如果得分相同，则挑出最感兴趣的项目），在每个项目得分的后面，再加4分（例如，第40题，得了6分，则该题应当加4分，变为10分）。将每一题的分数填入表4-1中，然后按照“列”进行分数累加得到一个部分，将每列总分除以5得到每列的平均分，填入表格。记住：在计算平均分和总前，不要忘记将最符合他日常想法的3项，额外加上4分。

表4-1 计分表

| 类型 | TF | | GM | | AU | | SE | | EC | | SV | | CH | | LS | |
|---|---|---|---|---|---|---|---|---|---|---|---|---|---|---|---|---|
| 加分项 | 1 | | 2 | | 3 | | 4 | | 5 | | 6 | | 7 | | 8 | |
| | 9 | | 10 | | 11 | | 12 | | 13 | | 14 | | 15 | | 16 | |
| | 17 | | 18 | | 19 | | 20 | | 21 | | 22 | | 23 | | 24 | |
| | 25 | | 26 | | 27 | | 28 | | 29 | | 30 | | 31 | | 32 | |
| | 33 | | 34 | | 35 | | 36 | | 37 | | 38 | | 39 | | 40 | |
| 总分 | | | | | | | | | | | | | | | | |
| 平均分 | | | | | | | | | | | | | | | | |

（5）完成计分后，将表4-1的结果填入图4-5中，画出测试者的职业倾向线性图。

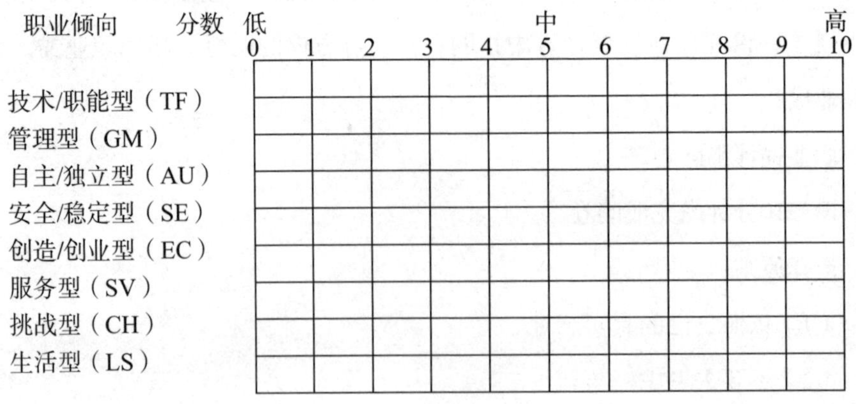


图4-5 职业线性图

（6）参考如下分析，确认测试者大致的职业倾向：

①TF型：技术/职能型职业锚（Technical/Functional Competence）。

TF型表示他始终不肯放弃的是在专业领域中展示自己的技能，并不断把自己的技术发展到更高层次的机会。他希望通过施展自己的技能以获取别人认可，并乐于接受来自于专业领域的挑战。

②GM型：管理型职业锚（General/Managerial Competence）。

GM型表示他始终不肯放弃的是升迁到组织中更高的管理职位，这样他能够整合其他人的工作，并对组织中某项工作的绩效承担责任。他希望为最终的结果承担责任，并把组织的成功看做是自己的工作。

③AU型：自主/独立型职业锚（Autonomy/Independence）。

AU型表示他始终不肯放弃的是按照自己的方式工作和生活，他希望工作在能够提供足够的灵活性，并由自己来决定何时及如何工作的组织中。如果他无法忍受任何程度上的公司的约束，就会去寻找一些有足够自由的职业。

④SE型：安全/稳定型职业锚（Security/Stability）。

SE型表示他始终不肯放弃的是稳定的或终身雇佣的职位。他希望有成功的感觉，这样他才可以放松下来。他关注财务安全（如养老金和退休金方案）和就业安全。他对组织忠诚，对雇主言听计从，希望以此换取终身雇佣的承诺。

⑤EC型：创造/创业型职业锚（Entrepreneurial/Creativity）。

EC型表示他始终不肯放弃的是凭借自己的能力和冒险愿望，扫除障碍，创立属于自己的公司或组织。他希望向世界证明他有能力。

⑥SV型：服务型职业锚（Sense of Service, Dedication to a Cause）。

SV型表示他始终不肯放弃的是做一些有价值的事情，比如，让世界更适合人类居住、解决环境问题等。他宁原离开原来的组织，也不会放弃对这些工作机会的追求。

⑦CH型：挑战型职业锚（Challenge）。

CH型表示他始终不肯放弃的是去解决看上去无法解决的问题、战胜强硬的对手或克服面临的困难。对他而言，职业的意义在于允许他战胜不可能的事情。新奇、多变和困难是挑战的决定因素，如果一件事情非常容易，它马上会变得令人厌倦。

⑧LS型：生活型职业锚（Lifestyle）。

LS型表示他始终不肯放弃的是平衡并整合个人、家庭和职业的需要。他希望生活中的各个部分能够协调统一向前发展，因此他希望职业有足够的弹性允许他来实现这种整合。

职业锚评测问卷

下面给出了40个问题，根据他的实际情况，从“1~6”中选择一个数字，数字越大，表示这种描述越符合他的情况。例如，“我梦想成为公司的总裁”，他可做出如下选择：

选“1”代表这种描述完全不符合他的想法；

选“2”或选“3”代表他偶尔（或者有时）这么想；

选“4”或选“5”代表他经常（或者频繁）这么想；

选“6”代表这种描述完全符合他的日常想法。

确定最符合他自身情况的选项：

A. 从不　B. 偶尔　C. 有时　D. 经常　E. 频繁　F. 总是

职业锚测评题目：

（1）我希望做自己擅长的工作，这样我的“内行”建议可以不断被采纳。

A. 从不　B. 偶尔　C. 有时　D. 经常　E. 频繁　F. 总是

（2）当我整合并管理其他人的工作时，我非常有成就感。

A. 从不　B. 偶尔　C. 有时　D. 经常　E. 频繁　F. 总是

（3）我希望我的工作能按自己的方式和计划去开展。

A. 从不　B. 偶尔　C. 有时　D. 经常　E. 频繁　F. 总是

（4）对我而言，安定与稳定比自由和自主更重要。

A．从不　B．偶尔　C．有时　D．经常　E．频繁　F．总是

（5）我一直在寻找可以让我创立自己事业（公司）的创意点。

A．从不　B．偶尔　C．有时　D．经常　E．频繁　F．总是

（6）我认为只有对社会做出真正贡献的职业才算是成功的职业。

A．从不　B．偶尔　C．有时　D．经常　E．频繁　F．总是

（7）在工作中，我希望去解决那些有挑战性的问题，并且胜出。

A．从不　B．偶尔　C．有时　D．经常　E．频繁　F．总是

（8）我宁愿离开公司，也不愿从事需要个人和家庭做出一定牺牲的工作。

A．从不　B．偶尔　C．有时　D．经常　E．频繁　F．总是

（9）将我的技术和专业水平发展到一个更具有竞争力的层次是成功职业的必要条件。

A．从不　B．偶尔　C．有时　D．经常　E．频繁　F．总是

（10）我希望能够管理一个大公司（组织），我的决策将会影响许多人。

A．从不　B．偶尔　C．有时　D．经常　E．频繁　F．总是

（11）如果职业允许自由地决定自己的工作内容，计划，过程时，我会非常满意。

A．从不　B．偶尔　C．有时　D．经常　E．频繁　F．总是

（12）如果工作的结果使我丧失了自己在组织中的安全稳定感，我宁愿离开这个工作岗位。

A．从不　B．偶尔　C．有时　D．经常　E．频繁　F．总是

（13）对我而言，创办自己的公司比在其他的公司中争取一个高的管理位置更有意义。

A．从不　B．偶尔　C．有时　D．经常　E．频繁　F．总是

（14）我的职业满足感来自于我可以用自己的才能去为他人提供服务。

A．从不　B．偶尔　C．有时　D．经常　E．频繁　F．总是

（15）我认为职业的成就感来自于克服自己面临的非常有挑战性的困难。

A. 从不 B. 偶尔 C. 有时 D. 经常 E. 频繁 F. 总是

（16）我希望我的职业能够兼顾个人、家庭和工作的需要。

A. 从不 B. 偶尔 C. 有时 D. 经常 E. 频繁 F. 总是

（17）对我而言，在我喜欢的专业领域内做资深专家比总经理更具有吸引力。

A. 从不 B. 偶尔 C. 有时 D. 经常 E. 频繁 F. 总是

（18）只有在我成为公司的总经理后，我才认为我的职业人生是成功的。

A. 从不 B. 偶尔 C. 有时 D. 经常 E. 频繁 F. 总是

（19）成功的职业应该允许我有完全的自主与自由。

A. 从不 B. 偶尔 C. 有时 D. 经常 E. 频繁 F. 总是

（20）我愿意在能给我安全感、稳定感的公司中工作。

A. 从不 B. 偶尔 C. 有时 D. 经常 E. 频繁 F. 总是

（21）当通过自己的努力或想法完成工作时，我的工作成就感最强。

A. 从不 B. 偶尔 C. 有时 D. 经常 E. 频繁 F. 总是

（22）对我而言，利用自己的才能使这个世界变得更适合生活或居住，比争取一个高的管理职位更重要。

A. 从不 B. 偶尔 C. 有时 D. 经常 E. 频繁 F. 总是

（23）当我解决了看上去不可能解决的问题，或者在必输无疑的竞赛中胜出，我会非常有成就感。

A. 从不 B. 偶尔 C. 有时 D. 经常 E. 频繁 F. 总是

（24）我认为只有很好地平衡了个人、家庭、职业三者的关系，生活才能算是成功的。

A. 从不 B. 偶尔 C. 有时 D. 经常 E. 频繁 F. 总是

（25）我宁愿离开公司，也不愿频繁接受那些不属于我专业领域的工作。

A. 从不 B. 偶尔 C. 有时 D. 经常 E. 频繁 F. 总是

（26）对我而言，做一个全面管理者比在我喜欢的专业领域内做资深专家更有吸引力。

A. 从不　B. 偶尔　C. 有时　D. 经常　E. 频繁　F. 总是

（27）对我而言，用我自己的方式不受约束地完成工作，比安全、稳定更加重要。

A. 从不　B. 偶尔　C. 有时　D. 经常　E. 频繁　F. 总是

（28）只有当我的收入和工作有保障时，我才会对工作感到满意。

A. 从不　B. 偶尔　C. 有时　D. 经常　E. 频繁　F. 总是

（29）在职业生涯中，如果我能成功地创造或实现完全属于自己的产品或点子，我会感到非常成功。

A. 从不　B. 偶尔　C. 有时　D. 经常　E. 频繁　F. 总是

（30）我希望从事对人类和社会真正有贡献的工作。

A. 从不　B. 偶尔　C. 有时　D. 经常　E. 频繁　F. 总是

（31）我希望工作中有很多机会，可以不断挑战我解决问题的能力（或竞争力）。

A. 从不　B. 偶尔　C. 有时　D. 经常　E. 频繁　F. 总是

（32）能很好地平衡个人生活与工作，比达到一个管理职位更重要。

A. 从不　B. 偶尔　C. 有时　D. 经常　E. 频繁　F. 总是

（33）如果在工作中能经常用到我独有的技巧和才能，我会感到特别满意。

A. 从不　B. 偶尔　C. 有时　D. 经常　E. 频繁　F. 总是

（34）我宁愿离开公司，也不愿意接受让我离开全面管理的工作。

A. 从不　B. 偶尔　C. 有时　D. 经常　E. 频繁　F. 总是

（35）我宁愿离开公司，也不愿意接受约束我自由和自主控制权的工作。

A. 从不　B. 偶尔　C. 有时　D. 经常　E. 频繁　F. 总是

（36）我希望有一份让我有安全感和稳定感的工作。

A. 从不　B. 偶尔　C. 有时　D. 经常　E. 频繁　F. 总是

（37）我梦想着创造属于自己的事业。

A. 从不　B. 偶尔　C. 有时　D. 经常　E. 频繁　F. 总是

（38）如果工作限制了我为他人提供帮助和服务，我宁愿离开公司。

A. 从不　B. 偶尔　C. 有时　D. 经常　E. 频繁　F. 总是

（39）去解决那些几乎无法解决的难题，比获得一个高的管理职位更有意义。

A. 从不　B. 偶尔　C. 有时　D. 经常　E. 频繁　F. 总是

（40）我一直在寻找一份能够最大程度减少个人和家庭之间冲突的工作。

A. 从不　B. 偶尔　C. 有时　D. 经常　E. 频繁　F. 总是

## 第二节　新员工养成计划

每年8、9月都会有大量的刚刚走出校门的新人加入到各个客户联络中心，为这个行业注入新鲜的血液。但是，随之而来的“如何让新人们尽快融入新的工作角色、尽快完成从学生到职员的转变”这样的问题也出现在了各个管理人员的面前。为了解决这个问题，我们尝试开展了一个新员工养成计划，旨在通过系统的培训和实践方案，使新员工在入职3个月半左右成功实现职业转型。

对于新员工养成计划的正式名称，我们定义为“客服代表初级岗位认证”计划，主要分为三个阶段：培训阶段、带教阶段和岗位见习阶段。每一个阶段都会有相应的认证成绩，员工只有每个阶段认证成绩合格后才有资格参加最后的毕业答辩，通过答辩即可获得“客服代表初级岗位认证”。

**1.培训阶段**

培训阶段同一般的新员工入职培训一样，这个阶段的周期基本上在2~3

周。在这个阶段，我们将培训内容分为四个部分，即基础知识部分、产品知识部分、业务流程部分以及综合应用部分。培训阶段的每一个组成部分，都会有独立的认证考核环节，考核的成绩将作为培训阶段认证总成绩的组成成分，这个成绩占了培训阶段认证总成绩的30%。剩下的40%的认证成绩取自培训阶段结束时的综合测试，而另外20%则是取自模拟电话的考核成绩，最后还有10%则是由专职培训师对员工在培训阶段的工作表现进行打分所得。

需要补充的是，为了更好地管理，从新员工入职组成培训班开始，就会指定一名专职教练担任这个培训班的班主任，负责日常管理及辅导工作。

如表4-2所示，对于王五来说，由于其在整个培训阶段的认证环节中有缺失，故该员工将会被要求对缺失的环节进行重新认证，员工只有获得所有的认证成绩并阶段认证总分大于60分，才算是该阶段合格。若阶段认证总分低于60，员工会被要求重新参加该阶段认证，但是这样的机会只有一次，若连续两次培训阶段认证总分低于60分，该员工将会被淘汰。

表4-2　员工各项能力评分

| 序号 | 姓名 | 基础知识 | 产品知识 | 业务流程 | 综合应用 | 平均分 | 认证 |
|---|---|---|---|---|---|---|---|
| 1 | 张三 | 90 | 75 | 91 | 76 | 83.00 | 41.50 |
| 2 | 李四 | 83 | 60 | 71 | 76 | 72.50 | 36.25 |
| 3 | 王五 | 病 | 87 | 73 | 83 | 81.00 | 40.50 |
| 4 | 赵六 | 86 | 77 | 79 | 73 | 78.75 | 39.38 |

| 综合 | 认证 |
|---|---|
| 81 | 16.20 |
| 69 | 13.80 |
| 78 | 15.60 |
| 81 | 16.20 |

| 1V1 | 认证 |
|---|---|
| 88 | 26.40 |
| 66 | 19.80 |
| 病 | #VALUE! |
| 78 | 23.40 |

| 认证得分 |
|---|
| 84.10 |
| 69.85 |
| #VALUE! |
| 78.98 |

**2.带教阶段**

完成了培训的新员工并不意味着就能真正的独立上线。为此，在“新员工养成计划”中，我们安排了带教阶段作为整个认证过程的第二阶段。在这一阶段，完成第一阶段认证的新人将进入新人班参加工作。新人班是员工从理论掌握变成实际掌握的过渡阶段。新人班的周期是1个月。每位新员工在进入新人班后，都会被分派一名带教导师作为其直属的师傅。带教导师是由客户联络中心里拥有高品质服务的资深客服代表担任。

在新人班中，新员工的工作时间被分为两个部分，即上线时间和分享时间，上线时间是由新员工独立上线，而带教导师在其旁边提供应急的支持，帮助新员工完成电话服务。分享时间则是由带教导师负责为其徒弟开展录音分享课程，分享的录音则是以当天新人实际电话服务录音为主，当然，也会分享一些优秀的案例录音。这样的安排，是为了让新员工能在实践结合辅导的过程中，以最快的速度提升其服务品质，并能达到与老员工一致的标准。随着新员工在新人班的时间的增加，分享时间从第1天的半个工作日到最后5天的每天1个小时。

带教阶段的认证考核依据客服岗位的任职要求制定了一系列的考核指标，这些指标包括服务质量、纪律、出勤等各方面（表4–3）。在新人班工作满1个月的新员工都会获得一份自己的该阶段认证成绩单，只有认证考核中的每一项指标都合格，才能进入下一阶段。虽然和培训阶段一样，对于认证考核未通过的新员工还是提供了该阶段的再认证的机会，但是，对于考核指标中诸如违纪、旷工这两项失分项目，该员工将直接被淘汰。

表4–3 新员工的考核指标

| 目标 | 考核指标 |
| --- | --- |
| 新人班员工达成指标 | 热线致命率≤ 2.86% |
| | 热线非致命率≤ 1.4% |
| | 有效投诉≤ 1 |
| | 中心制度违纪≤ 1 |
| | 迟到、早退次数≤ 3 |
| | 旷工＜ 1 |
| | 出勤率≥ 93% |

### 3.岗位见习阶段

从新人班毕业出来后，新员工其实就已经正式开始了自己的“耳麦人生”。但是，这个时候的新员工并不是我们认同的真正合格的优秀客服代表。所以，在“新员工养成计划”中，还需要有2个月的考察期。

在这一阶段中，认证考核的指标项大体上等同于带教阶段，但是对于具体的合格标准则会提升要求，一般来说，这个合格标准以在职客服代表的平均成绩为准。岗位见习阶段的认证考核时间是2个月1次，每次考核都以新员工近2个月的平均成绩为取值依据。此外，在这两个月中，也会安排对参加认证的新员工进行神秘顾客电话抽检，抽检的结果也将作为判断其是否最终合格的重要参考标准。

### 4.综合答辩会

在完成三个阶段的认证考核项目后，我们会安排一次“毕业答辩”会，会上由新员工对自己3个月的工作和学习所得进行系统的自我总结，并且回答由管理人员组成的“考官团”的提问。这是一次全面的回顾，新人在答辩会上需要展现出自己的职业化的一面，以此来通过答辩会。

最后，在答辩会结束一周后，由客户联络中心的领导代表企业给这些新人颁发“客服代表初级岗位资格证书”，以证明他们通过3个月的努力真正地成为了职业人。至此，新员工养成计划顺利结束。

当然，拿到了“客服代表初级岗位资格证书”并不意味着员工就可以高枕无忧了。每年年底我们还会对所有获得岗位资格证书的员工进行资格审核，对于那些因为自己怠懈而最终降低了服务品质的员工，将会收回其岗位资格证书，只有重新认证上岗后才会补还证书。

实践案例：DISC在客户联络中心的应用

我们在人才培养阶段会用职业锚来了解一个员工大致的职业心理定位，从而选择对其适合的培养方向。而在新员工招聘阶段，我们会采用DISC性格测试来做一些甄选。DISC是四个与管理绩效有关的人格特质对人进行的描绘，即支配性（D）、影响性（I）、稳定性（S）和服从性（C）。根据客户联络中心一线客户专员岗位的需要，若是招募服务类的一线客户专员，我们比较偏向S型和C型；若是招聘外呼类、营销类的一线客户专员，则会优先考虑I型或D型。虽然性格测试不是100%准确，但是它能大体上让我们对候选人有一定的判断。而且，通过性格测试招募进来的新员工，其大致上也与岗位的匹配度会高些。

除了将DISC用于新员工招聘，在我们培训课程体系中也有一门针对DISC的课程。这门课程是帮助我们的一线客户专员更好地了解客户，通过DISC的学习，让学员能够知道，应对不同性格类型的客户，选择怎样的沟通方式是最适合的。

一旦培训不是只围绕业务打转，培训的授课范围就可以变得更加多样化，培训师也会有更多的时间去思考、选择更有趣但实用的培训课题，并且将一些好的方法和工具引入到客户联络中心，帮助提升整体的工作效率。

## 第三节　AI时代的“人工超级管家”

不知不觉中，人类已经进入了AI时代。人工智能技术的发展，很多行业和岗位的从业人员都开始产生新的焦虑：“我是否会被人工智能取代？”

就目前的技术水平而言，人工智能所能替代的领域还只是在简单的重复工作领域，这类工作都有一个共性，即“按照条款，按照约定的东西进行的工作。这类工作可以很快制定执行的输入和输出，可以按照标准化的流程来进行。”

那么，客户联络中心的从业人员是否能归入上述“标准”呢？如果仅按照最基本的业务诉求来看，客户联络中心的从业人员很可能会在将来被人工智能所取代。因为我们的工作看起来太简单了，几乎没有什么技术含量。但这是真的吗?

不！客户联络中心的工作并不是随便一个人就能完成的。客户联络中心是属于知识劳动密集型行业，这个行业是绝对需要人的智慧才能胜任的工作。诚然，客户联络中心的服务都是基于标准化服务流程来执行的，但与人沟通的活不是单靠流程定义就能完全做好的。更何况，随着时代的发展，客户的需求也正变得丰富多彩，一通服务电话要解决的不仅只是客户说出来的需求，还要能满足客户没有说出来的需求。服务专员的工作不是按照标准话术机械地答复，而是要通过对同理心的运用，更加有效地为客户解决问题。

李开复说过“人工智能非常强大且适应性极强，但它无法完成人类所做的一切。”即人工智能不能像人类一样与人类互动，他们不具有同理心或人与人之间的同情心和其他感情。而这些，恰恰是服务专员的价值所在!

很多年前，国外就有银行已经将人工服务列为VIP专享，而普通用户只有ATM自助。因为，他们认为，越是高端用户，越是看重与人的交流，哪怕机器的效率比人更高。这也是客户联络中心从业人员能够不被AI取代的关键所在。

那如何将一名服务专员培养成VIP专享服务顾问呢？我认为，这需要经历3个阶段。

**1.服务1.0——依靠流程和熟练度**

第1个阶段是入门期，以新员工和专业职级为初级的一线客户专员为主。这一阶段注重业务和流程的掌握，主要依靠业务流程来完成客户的需求。恰恰是这一阶段的工作，是最容易被人工智能所替代的，但这也是最基础的阶段。

对这一阶段的服务专员培养，对于新员工我们可以通过“服务专员代表初级岗位认证”项目来开展，培养目标是提升员工对基础业务知识、操作流程、标准话术的熟练掌握和应用。培养的方式是通过大量的练习和实践操作来提升熟练度。对于专业职级为初级的一线客户专员，则注重“补差”，通过Refresh Training（回炉学习）的方式，将初级服务专员常见问题，易犯错误点进行强化和巩固，并且通过质检反馈来查缺补漏，从而提升初级服务专员的业务短板。因此，服务1.0阶段，需要质检的大力配合。同时，也要主管们加强对新员工及初级服务专员的训练辅导。

最后，判断服务1.0是否达成的考核指标以AHT（平均通话时长）、Fatal-error/Non-fatal-error（致命错误率/非致命错误率）来衡量。前者是用来考量工作效率，后者是用来反馈服务质量。

**2.服务2.0——依靠资源和主动性**

第2个阶段是提升期。服务专员想要成为VIP专享服务顾问，就需要在这一阶段努力提升。这一阶段的培养周期是最长的，不仅需要依靠培训、质检、主管的参与，还需要服务专员本身的主观意识提升和积极响应学习。

大多数进入服务2.0阶段的服务专员，专业职级都逐渐步入中级。这时候，职业瓶颈开始出现，员工会慢慢产生懈怠情绪，自身的前进动力会逐步减少。不少一线客户专员就是在这个阶段开始有职业困惑，随后出现服务质量波动、主动流失人数有所增加的情况。要打破这一瓶颈就需要重新树立服务专员对服务的认识，要让其在心中产生“原来我还可以做得更好”的念头。所以，我们可以通过“金牌服务意识提升项目”来创建一种氛围，帮助服务专员重新唤醒服务的热情。

“金牌服务意识提升项目”不仅是组织一两次服务意识的培训课程，而是要通过倡导优质服务竞争来强化提升整体服务意识。因此，该项目的培训会涉及服务意识、沟通技巧、情绪管理、服务礼仪、DISC、同理心应用、客户异议处理技巧等相关课程。并且，通过各式各样的服务竞赛活动将课程所学的服务技巧予以落地。此外，还会通过服务案例分享和宣传等形式创建更有利的服务氛围。更重要的是，这不是一个短期项目，而是一个面向所有服务专员长期持续开展的固定项目。

当服务专员的意识和主动性都有了提升后，服务2.0就达成了吗？不！还没有。服务2.0除了需要服务专员需具有主观能动意愿外，还需要他们能够有效合理地利用服务资源来为客户服务。这也是人工服务和AI服务形成区别的开始。

服务资源有哪些？它包括组织内能提供的和组织外部可以利用的一切工具。组织内的资源有各类政策、流程、活动、知识库，服务专员需要在熟悉这些业务点的基础上，结合客户需求，灵活应用已有的政策流程和活动规则，来最大化地满足客户，提升满意度。组织外的资源则需要根据服务的范围和特性，有选择的利用诸如百度、大众点评、门户网站信息等工具。比如做出行服务的，则可以通过外部工具为客户提供出行目的地的信息介绍和天气预警等；又如做保险服务的，则可以结合知识库将一些保险知识，最新案例应用到与客户的沟通过程中，更好地为客户答疑解惑；再如做电商服务的，则可以为客户就意向产品进行同类比较，打消客户顾虑……但要注意，资源的利用是基于客户需求的挖掘掌握和同理心，千万不要为了用而用。

服务意识和主观能动性是基础，有了它们，服务专员才会愿意去利用内外部资源为客户服务，人工服务才会体现更多的价值。当然，这一阶段的考量指标可以选择C-Sat（服务满意度）、FCR（首次解决率）、资源利用率等，而AHT这类指标则可以适当放宽。

**3.服务3.0——依靠知识面和专业度**

第3个阶段是成为VIP专享服务顾问。通过服务2.0的提升，能够进入服务3.0的服务专员在专业职级上都能达到高级。与前两个阶段的服务专员相比，服务3.0阶段的服务专员自驱力更强，心态更积极，服务技巧更纯熟。这时候，要提升他们就不只停留在业务层面，而是要从专业度上给予提高。

什么是专业的表现？专业不等于讲一堆让听的人摸不着头脑术语的术语。我认为，专业是能够用通俗的表达将事情解释清楚，想客户所想，不仅介绍自己的产品和服务，还会将周边相关的知识予以分享，最终满足客户的需求。

所以，要成为合格的VIP专享服务顾问，就一定要拓展自身的知识面。只局限在业务知识范围的服务专员不是一个合格的顾问式服务专家。需要不断地学习新知识，乐于接受新的挑战。为了达成这一目标，从培训的角度来看，就需要不断为他们提供接触新知识的途径，通过多元化的学习手段，帮助他们吸收。另外，客户联络中心本身也需要进一步优化知识库系统，以及其他关联系统的高度集成，这样也能进一步提升服务的效率，为客户带来更优质的服务体验。

服务3.0的考量指标建议用NPS（净推荐值），只有客户的评价才能真正体现这一阶段服务的价值。

AI时代的到来对于客户联络中心行业的从业者们来说是新的机遇和挑战，“不进则退”在这个时代会被体现得更加明显和直接。抓住机遇，迎接挑战，让我们每一个人都成为不能被人工智能所取代的“人工超级管家”。

服务顾问考评的相应服务绩效指标定义，如下所示。

AHT：平均处理时长（Average Handling Time），指在某段统计时间内，一线客户专员与顾客谈话时间、持线等待时间（Hold Time）及事后处理与电话相关工作内容的时间的总和除以总的通话量。这是产量和效率兼顾的指标（公式4-1）。

$$\text{平均处理时长}=\frac{\text{总通话时长+总持线等待时长+总后处理时长}}{\text{总接起电话量}} \qquad (4\text{-}1)$$

Fatal-error Accuracy：致命错误准确率，是指会导致整个服务有重大缺陷的准确率错误，包括流程、业务信息错误（公式4-2）。

$$\text{语音服务致命错误率}\ \frac{\text{产生致命错误的个数}}{\text{监听总量}}\times 100\% \qquad (4\text{-}2)$$

Non-fatal-error Accuracy：非致命错误准确率，是指不会导致整个服务有重大缺陷的准确率错误，包括软技能、专业化程度和数据输入错误（公式4–3）。

$$\text{语音服务非致命错误率} = \frac{\text{产生非致命错误的个数}}{\text{产生非致命错误机会总数}} \times 100\% \tag{4-3}$$

FCR：一次性解决问题率，研究一线客户专员在提供服务过程中的问题解决速度，考量的是一线客户专员对产品、流程的熟悉度和准确性。通常考核FCR是为了减少客户不必要的重复操作，提升客户服务。FCR的计算可以看在某段统计时间内，不需要顾客再次拨入联络中心，也不需要一线客户专员将电话回拨或转接就可以解决的电话量占一线客户专员接起电话总量的百分比（公式4–4）。

$$\text{一次性解决问题率} = \frac{\text{一次性解决问题量}}{\text{有效人工通话量}} \times 100\% \tag{4-4}$$

C–Sat：客户满意度是指客户通过对一种产品的感受与他的期望值相比较，所形成的愉悦或者失望的感觉状态。如果客户的感受低于期望，顾客会不满意；如果客户的感受与期望相匹配，顾客就满意；如果客户的感受超过期望，顾客就会高度满意或者欣喜。

NPS –Net Promoter Score：客户净推荐值，通常用于调研客户是否愿意重复购买服务/产品。它关注的是客户的主观认知结果。通常会着重挖掘选择不愿意的客户群体的原因，以此来反推产品、服务、流程等方面的优化（公式4–5）。

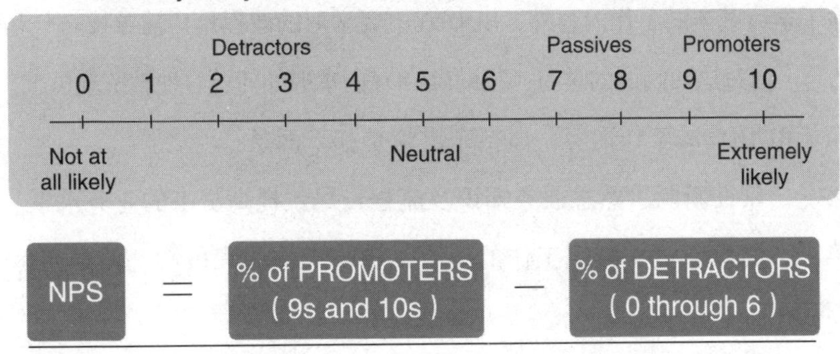

## 第四节　从BUDDY到QA的职业发展

在本书第一章的员工画像中曾提到，客户联络中心员工随着工龄的增长，在业务技能越来越熟练的同时，其需求关注点也会从“获得及时辅导”变为“能够体现价值”。所以，我们在双轨制下设立了“业务专家”的角色。然而，要成为业务专家，不仅是业务能手就可以了，还需要具备更多的全局观和基本管理意识。那么，没有达到这一能力要求的老员工们，他们又该如何体现自身价值呢?

在我服务过的客户联络中心都会设一个带教角色，这个角色恰恰就是为那些还没有达到“业务专家”水平的中高技能等级员工体现自我价值准备的。在我曾经工作过的某一个客服中心，我们把带教岗称之为BUDDY。BUDDY在英语中是“搭档、同伴、互相帮助的朋友”的意思。在客户联络中心，正是有这些BUDDY的存在，才真正能起到“传、帮、带”的作用，真正实现新老员工知识和技能的传承。那么，要成为BUDDY，有什么具体标准呢?

首先，BUDDY至少是专业职级在二级以上的员工；

其次，BUDDY本身的绩效成绩要排在专业前30%；

再次，BUDDY需要有积极的工作态度，具有团队精神；

最后，BUDDY要乐于分享，有良好的沟通技巧。

满足以上四点，才意味着这名员工可以成为BUDDY候选人。接下来，还需要经过相应的培训、辅导和考核才能真正成为BUDDY。BUDDY需要学习哪些课程呢？除了学习基本的工作内容外，BUDDY主要学习的课程是“辅导技巧”和“沟通技巧”。通过这两门课的学习，帮助BUDDY们掌握如何更好地教练新员工。

至于BUDDY的工作内容，概括来讲就是如下两条：

第一，帮助新同事熟悉业务知识及流程，尽快提高员工的业务水平。

第二，帮助新员工减缓工作的压力，提高工作的积极性，使员工尽快地融入团队中。

但是，真的要做到如上两点，则需要对BUDDY每一天的工作予以细化，而这也是BUDDY培训的核心。如表4-4所示，是我曾经设计的一个BUDDY工作日志。每一天，BUDDY都需制定可量化的工作计划，并在当天结束时回顾自己的辅导工作完成程度。就是通过这样的细致工作，BUDDY才能真正帮助新员工更快地走出适应期，更早地进入工作角色。职业发展如图4-6所示。

表4-4　BUDDY工作日志

| **带数阶段表现** | | | | | |
|---|---|---|---|---|---|
| 第 1 天 | Buddy 计划 | | 第 6 天 | Buddy 计划 | |
| | 完成状况 | | | 完成状况 | |
| 第 2 天 | Buddy 计划 | | 第 7 天 | Buddy 计划 | |
| | 完成状况 | | | 完成状况 | |
| 第 3 天 | Buddy 计划 | | 第 8 天 | Buddy 计划 | |
| | 完成状况 | | | 完成状况 | |
| 第 4 天 | Buddy 计划 | | 第 9 天 | Buddy 计划 | |
| | 完成状况 | | | 完成状况 | |
| 第 5 天 | Buddy 计划 | | 第 10 天 | Buddy 计划 | |
| | 完成状况 | | | 完成状况 | |

管理条线
储备干部
教练
班组长
运营主管
BUDDY
QC/QE
QA
QA主管
业务专家
业务主管
业务条线

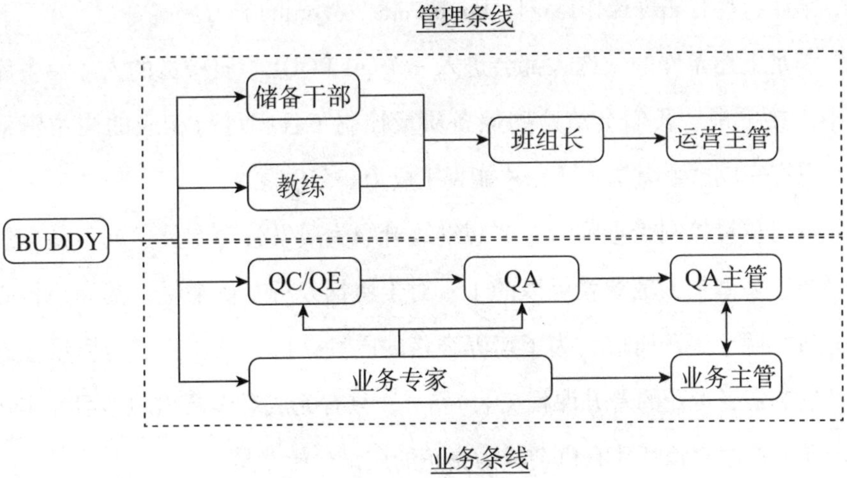

图4-6　BUDDY职业发展示意图

BUDDY是新员工成长的纽带。但是，对于BUDDY本身，除了付出自己的知识和热情外，在双轨制下，对BUDDY个人的成长也有清晰的方向。

如图4–6所示，在双轨制下，BUDDY的职业发展也包括管理条线和业务条线两个不同的职业方向。走管理条线的发展，可以从参加储备干部开始。而走业务条线，又可以划分为两个专业，即质量管理和业务专家。但业务专家并不是一个特定的岗位，它和BUDDY一样，可以被认为是一种特殊的荣誉或者身份。而质量管理则是有特定的岗位，它主要承担整个项目的品质管控工作。那么，BUDDY怎么在质量管理这条道路上继续走下去呢？

对于质量管理岗位来说，我们可以将它划分为质量控制工程师（QC/QE）和质量分析专员（QA）两类。从能力要求上来看，质量分析专员是质量控制工程师的升级。所以，BUDDY走质量管理的职业发展，首先就要成为质量控制工程师。

对于质量控制工程师，我们的基本要求如下：

第一，专业职级在二级以上，工龄在一年以上，有BUDDY经验的优先。

第二，连续六个月平均QC成绩在团队TOP 30%以内。

第三，良好的沟通能力及工作主动性。

第四，具有熟练操作Excel、PowerPoint、Word的能力。

满足上述条件的候选人都会进入一个QC POOL（质检员的人才储备库）之中。接下来，我们会给这些储备质量控制工程师进行相应的岗位资格认证，只有完成这个岗位认证，才能真正成为一名QC。

成为质量控制工程师后，要想继续升级为质量管理专员，就不是单靠多听录音，多做员工辅导就可以的了。对于质量分析专员来说，其岗位核心是“分析”两个字。所以，为了培养合格的质量分析专员，我们为质量控制工程师们制定了专业的晋升课程（表4–5），只有完成对应课程的学习和实践练习，质量控制工程师才有机会成为真正的质量分析专员。

表4-5　晋升课程

| 时间 | 课程 |
| --- | --- |
| 第 1 天 | QC 工作介绍 |
| | QC 常用图表简介 |
| | QC Score Card 介绍及录音校准 |
| 第 2~4 天 | 录音评分练习 |
| | 电话录音评分校准 |
| 第 5 天 | 电话录音评分考核（Internal） |
| | Coach 技巧分享 |
| 第 2~4 周 | 每周共 5 小时 Q 时间，用于电话监控 + 座席业务知识抽查 |
| | 每周 4 组织一次 电话录音评分校准 |
| 第 30 天 | 电话录音评分考核（External） |
| 第 2~3 个月 | 每周共 10 小时 Q 时间，负责 10% 的周质检任务量 + 座席业务知识抽查 |
| | 每周 4 组织一次 电话录音评分校准 |
| 第 90 天 | QC Pool OJT 认证终审 |

从BUDDY到QA，整个的培养周期会长达2~3年，但这也是一个技能岗员工逐渐体现自身价值，实现自我增值的过程。而对整个组织来说，则是降低员工流失率，增加员工满意度，实现良性的人才管理闭环。QA的课程如表4-6所示。

表4-6　QA课程体系

| QA 课程体系 | |
| --- | --- |
| 专业知识 | 质量管理基础知识 |
| | 常见质量管理体系 |
| | 统计学基础 |

续表

| QA 课程体系 | |
| --- | --- |
| 业务能力 | 常用质量工具 |
| | 六西格玛基础（绿带） |
| | VOC 分析方法 |
| | QA 工作职责 |
| 业务能力 | 常规 QA 报告制作 |
| | QA 七大手法 |
| | 中级 Exexel 应用 |
| 辅助技能 | 有效倾听 |
| | 问题分析与解决 |
| | 教练技巧 |
| | 行业发展知识 |

实践案例：带电销团队玩沙盘游戏

沙盘游戏是现在比较流行的一种培训方式，对学员来说，它寓教于乐的特点相比“枯燥的说教”更容易被接受。我们在客户联络中心的销售培训中引入了两款沙盘游戏，通过游戏让一线客户专员真正体验了什么叫竞争与合作、什么是有效的目标管理。

**1.贸易大战**

这个游戏分成5、6个小组进行，讲师是采购商，各个游戏小组是独立的生产厂商。在游戏开始时，每个小组都会拿到自己的生产资料，但这些生产资料不完整，在游戏过程中，只有和别的小组合作才能完成生产任务。采购商的采购需求是按季度变化的，这个时候，游戏小组成员就需要思考生产什么样的产品才能效益最大化，同时，他们还要考虑其他竞争对手小组会采用什么策略。游戏的过程充满了斗智和欢笑，但在游戏结束后，每个参与者都能有自己的理解，特别是对合作、竞争、决策、分工的认识更加深刻。

### 2.沙漠掘金

这是一个类似寻宝类的沙盘游戏，游戏的目的很简单，去某个小岛挖金子，然后看哪一队在规定时间内带回来的金子最多就是胜者。但是，游戏中会设定各种各样明显的或暗藏的讯息，需要参与游戏的两个小组成员自己把握好。有时候，某条隐藏信息未找到，可能就会耽误寻宝的时间；或是携带的资源没有调配好，可能就会影响到最终带回来的金子数量……对电销团队来说，这款游戏能够加强他们对目标管理的认知。

引入沙盘游戏，不仅仅是因为好玩，更是对客户联络中心传统培训方式的打破。客户联络中心的员工有越来越多的新生代，他们的思维更活跃，更加跳脱。在培训中引入一些新的好玩的方式，反而能够激发这些新生代员工的学习乐趣，把我们希望他们学习的知识领会到。

## 第五节　多方位发展的全能型人才

新员工完成入职培训后是直接入组，还是继续在组外实践一段日间？这或许是不少客户联络中心的管理人员在每次有新员工即将完成带教学习时，需要思考的一个棘手问题。从人力成本角度来看，新员工能够越早被分配入组，对减轻人力的压力就越有帮助。但同时，新员工最初阶段的绩效又是对服务质量的一大挑战。该怎么解决这个“鱼和熊掌”的两难问题呢？在我服务过的几家客户联络中心，我们最终都选择增加一个独立的新人组，使“鱼和熊掌兼得”的想法成为了一种可能。

新人组，顾名思义就是只有新员工的小组。对于刚刚完成培训和带教的新人来说，贸然分配进正式的业务组中，无论对接下来工作的胜任信心，还是对新团队的磨合或多或少都会有些顾虑。除了少数特别优秀的苗子外，很多新人会在入组后的两三周内暴露出不适应的症状，新人流失率的第一个高峰往往就是产生在这个阶段。所以，新人组的存在能帮助新员工减缓初期的各类工作和心理压力，使其在职业过渡期能够相对平缓渡过。

那么新员工从什么时候开始进入新人组，又需要在这里待多久呢？一般来说，我们会从带教开始就把同一批次的新人放进新人组，然后是根据组织的新员工培训周期来安排新员工在新人组的时长。也就是说，当之前一批新人完成新人组的过渡时，新一批的员工则刚刚开始进行带教学习。

那么，新人组的人力该如何配置呢？由于涉及带教阶段，在新人组里必然会安排带教师傅，也就是我们的BUDDY。这些BUDDY会从其他组里抽调，通常他们来自某一批次新人未来会分配入组的团队，这也是让新人逐步熟悉未来团队的一个步骤。除此之外，新人组会设一名新人组长，这个职位是独立的岗位，在职级上等同于普通业务组的组长，享管理岗待遇，但其人选往往来自资深业务岗而非其他班组长平调。也就是说，在双轨制人才体系中，新人组组长是唯一一个同时占据了两个发展路径的特殊人才。往左，新人组长就能直接走管理路径；往右，可以回到业务条线，成为懂管理的业务专家。因此，为了与普通的班组长或业务专家有所区别，我们将新人组组长称为“新人教练”。

是的，在我们的眼中，新人组组长的角色就是教练。新人教练不是为了运营绩效而存在的管理者，而更像是一名新员工职业起步路上的引路人，经过新人教练的引导，让新员工能够真正成功地完成岗位角色转变，更好地适应新的职场环境。

那么，新人教练具体要做哪些事情呢？又要通过怎样的培养后可以胜任这一角色呢？

先说说新人教练要做什么吧！首先，新人教练要熟悉新人组内的每一个新员工，包括他们的性格、学习能力、业务掌握程度。要实现这个目标，新人教练就必须和新员工培训的各位老师有较多的交流，并且，在带教阶段要时刻掌握这些新人的带教完成情况，这样才能做到真正的“知彼”。

在了解了新员工的基础上，新人教练会根据新人培训的不同阶段开展针对性的引导。在新人培训的每一个小阶段完成的时候，新人教练需要参与阶段性的新人座谈，在这个过程主要以宣传组织文化、调动新员工学习热情和工作积极性为主。而到了带教阶段，新人教练需要组织每天的新人组晨会，要根据前一天掌握的带教信息，将新人组的主要问题（包括带教新人的重点问题）在晨会上集中反馈，然后安排带教BUDDY对带教新人就这些问题予以跟进与纠正。在结束带教期后，新人教练除了定期的组员面谈外，还会对组内重点关注的新人进行线上或线下的业务辅导。并且，当有业务更新时，新人教练还要承担一部分新人组内部的巩固培训。

除了员工辅导外，新人教练需要组织并实现新人组业务指标的达成，需要关注每日的新人组绩效数据，并参与新人组员工质量评估。通常，当别的小组领导可以下班的时候，新人教练可能还在忙碌中。所以，新人教练本身要有比较强的责任心和一定的奉献精神。

最后，新人教练需要负责新人正式入组前的综合评估，评估结果会作为新员工未来领导人最初也是最重要的参考依据。而对于新人组阶段综合评估不达标的新人，新人教练有权延长该员工在新人组的时间，甚至有需要的话可以建议辞退。

除了以上对新员工的管理和辅导职责，新人教练也需要承担起对带教BUDDY的管理及评估工作。BUDDY是否最终能拿到相应的工作补贴，都要基于新人教练对BUDDY工作完成情况和质量的评估数据与反馈意见。

如上，就是新人教练全部的工作内容。从这些内容，大家就能感觉出，新人教练的担子很重，对于个人的能力要求也不低。所以，在选拔新人教练时，最基本的候选人通常来自业务专家、带教BUDDY这两类人群。但是，从这两类人群中选出的候选人还需要通过进一步的认证才能进入新人教练的岗位见习。具体的认证流程如图4–7所示。

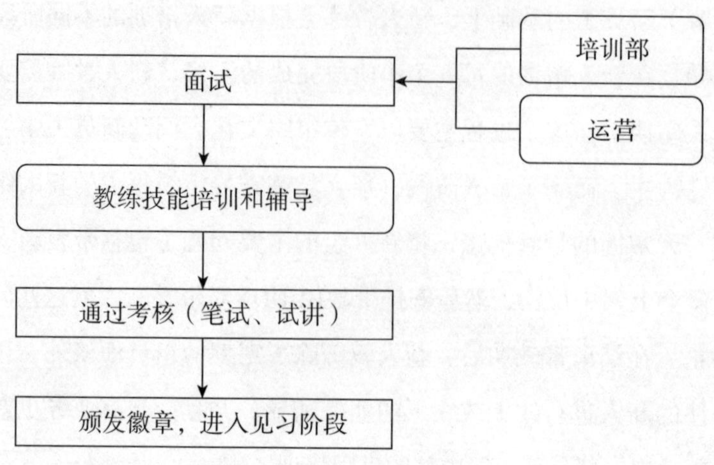


图4–7　认证流程

其中，“教练技能培训和辅导”又是整个认证过程中的重中之重，具体培训课程参考如表4–7所示。

表4–7　教练的培训课程

| | 技能要点 | 培训课程 | 课时（小时） |
|---|---|---|---|
| 岗位培训 | 岗位职责 | 教练职责与规范 | 1 |
| | 授课技能与心理辅导 | 心理学在新人培训中的应用 | 1 |
| | | 辅导与反馈技巧 | 2 |
| | 重点业务材料 | 相关业务流程与注意事项 | 2 |
| | | 投诉与抱怨处理技巧 | 2 |
| | | 新员工上线常见问题集 | 2 |
| | | 质检评分标准学习与应用 | 2 |
| | | 日常绩效考评标准 | 2 |
| | | TTT | 6 |
| | | …… | …… |

新人教练的认证培训不完全是脱产的，这也就要求候选人们需要合理安排好自己本来的工作时间，并且还要适当放弃一小部分的休息时间（有些

培训会安排在排班休息日）。当然，这也是对新人教练资格考察的一部分内容。只有最终能坚持完成整个新人教练认证流程的候选人，才最终有机会佩戴上代表教练的徽章。

有付出必有回报。就像前文所说，新人教练是双轨制体系中唯一一个能同时在两条发展路径上成长的人才。因此，成为新人教练后，其未来职业发展的可选路径会更多，几乎客户联络中心的各个岗位都能够担任。并且，为了能让整个组织人才流动起来，新人教练岗位的任职周期通常不会大于两年，这既能保证组织的需要，也能保障个人的发展。

新人组、新人教练，不仅是满足组织运营需要，更是一种人才培养的创新尝试。客户联络中心的管理虽然有很多定型的模式，但依然有不少值得挖掘的新机会点。管理需要创新，只有创新才能带来人才的流动发展，才能提升组织的活力和生命力。

## 本章小结

通过职业锚测评会让员工大致了解自己的职业定位方向。然后，业务条线人才的职业发展从新员工开始一直到成为业务专家，都会通过“课堂学习+实践训练+岗位见习”的培养方式，帮助他们在完成了一系列定向培养项目后，最终突破自我，成为更高等级的业务人才，赢得职业发展的挑战。

# 第五章
# 管理条线人才培养

俗话说：“兵熊，熊一个；将熊，熊一窝。”客户联络中心的管理干部培养始终是行业关注的热点。基于“双轨制”人才发展理念，参考拉姆·查兰的领导力发展模型，结合客户联络中心的行业特点，好干部是有步骤有计划地“养”出来的。

## 第一节　班组长是这样“练”成的

班组长是谁？

回答这个问题前，我们先来看看客户联络中心最基本的运作单位是什么？答案是：班组。从定义上来说，“班组是为了共同完成某项生产（工作）任务，而由一定数量的操作人员或工作人员在有统一指挥、明确分工和密切配合的基础上，所组成的一个工作集体”。班组的好坏直接关系到这个客户联络中心运营的成败。所以，我们把管理这个最基层组织的管理者称呼为“班组长”。

谁能成为班组长？

由于班组是战斗在一线的组织，所以它的管理者必定要熟悉一线业务，能够和组员们一起战斗，同时又要能够激发组员的工作热情，提高他们的工作技能，在适当的时候给予合适的引导。并且，在关键时候能够做出决断，及时解决问题。

因此，对班组长可作以下定义：

首先，他一定是一个业务尖子，行家里手，只有如此才能说话有分量、有权威。

其次，他还需要有较强的人际沟通和协调能力，能平衡和处理组内的各类冲突。

最后，他的工作精力是应用在一线操作管理上，能够有效制订计划并落实。

班组长要做什么？

从班组长的定义来看，可以简单地概括为4件事情：提高服务质量，提高工作效率，降低运营成本，防止生产意外。

上述3个问题的解答，让我们对班组长的形象有了一个大体的概念。然而，要做一名合格的班组长，只有概念是远远不够的，他需要结合实际岗位职责，通过系统的培养，才能真正实现成功。那么，该如何培养一名班组长呢？

在双轨制培养方案中，我们有一个叫做“基于管理条线的继任者计划”，该计划通过内部人才盘点，发现组织中的潜力领导者，然后通过让他们参加”潜力领导者基础培养项目”，从而加速他们成为“下一代管理者”。那么，这个“潜力领导者基础培养项目”具体包含哪些内容呢？

参考拉姆·查兰的6阶段领导力发展模型，我们认为班组长属于该模型中第一阶段类型，即面临从管理自我到管理他人的转变。在这一阶段的管理者，主要会面临的困难包括：

第一，把下属提出的问题当成是障碍，不愿意花时间去倾听下属的意见。

第二，补救下属工作失误，而非教会如何正确完成挑战性工作。

第三，拒绝与下属分享成功，逃避下属的问题和失败。

第四，没有给予足够的支持和建立员工的文化价值观。

所以，结合上述领导力发展模型和客户联络中心实际情况，我们把“潜力领导者基础培养项目”的重点放在两个主要方向：

领导技能培养——包括制订计划、分配任务、教练辅导、激励员工、绩效评估等模块。

职业素养提升——包括时间管理、职业规划、情绪管理等模块。

上述模块设定的潜力领导者专业课程如表5–1所示。

表5–1 潜力领导者专业课程

| 序号 | 培训安排 | 专业课 |
|---|---|---|
| 1 | 第一周 | 主管角色定位 |
| 2 | | 执行力和决断力 |
| 3 | 第二周 | 团队建设 & 人员激励 |
| 4 | 第三周 | 时间管理 |

续表

| 序号 | 培训安排 | 专业课 |
| --- | --- | --- |
| 5 | 第四周 | 情绪管理 |
| 6 | 第五周 | 呼叫中心基础和运营指标 |
| 7 | 第六周 | 辅导和反馈 |
| 8 | 第七周 | 报表和分析 |
| 9 | 第八周 | 投诉和异议处理 |
| 10 | 第九周 | TL 职责 |

需要说明的是，这些课程及之后的历练任务，都是由业务专家团队的管理专家们精心设计，所有的授课者也都是由资深主管或经理亲自承担。而且，这些课程都属于必修课，若参加培养项目的“潜力领导者”们没有通过对应的课程考核，将无法完成整个的培训。若考核多次不通过，则会被直接淘汰。

当然，除了必修课，也有选修课。第一类选修课是参加“前辈分享会”，在培训的9周内，会分别组织召开五场分享会，每一场都会邀请现任优秀主管现身说法，和这些未来的管理者们聊聊日常管理工作的心得；第二类选修课则是参加“读书分享会”，同样的培训周期里，会组织两场读书会，培养对象在规定时间内需要完成两本管理书籍的阅读，并在“读书分享会”中和大家一起交流学习心得。这两类选修课将占20%的培训学分，最终，这个分数会和必修课的分数合并计算，总分超过80分的才会通过整个培养项目的第一阶段。

完成“潜力领导者基础培养项目”第一阶段的学习后，培养对象将会迎来为期两周的带教实践。这两周，会有现任优秀主管担任“潜力领导者”的教练，手把手教他们如何真正管理一个班组。这些教练在之后的第三阶段中，也将是所带教培养对象的指定导师。

培养第二阶段的考核主要会依据“TL工作职责”（团队领导职责）考察

培养对象对日常管理工作的掌握程度，这包括运营报表的理解，日常巡场工作完成质量，每日录音评分校准结果等。考核的结果会有导师和培养对象一起讨论，并制定第三阶段培养实践期的个人改进计划。

第三阶段的培养实践期并不是说让培养对象自己独立带一个班组。通常来讲，我们会让这些培养对象在所在班组中承担班组长后援的角色。他们会协助班组长辅导1~2名新员工，并在班组长不在的时候担任相应的管理职责。

除此以外，这些“潜力领导者”们还会有专项的历练任务，这些任务需要几个培养对象合作完成。他们包括但不限于以下课题：提升服务质量、团队稳定性建设、工作效率提升、员工归属感项目、运营流程优化、培训相关。

当为期六个月的培养第三阶段结束时，“潜力领导者”们需要以项目小组为单位，将自己的历练课题做成专项汇报。无论历练任务最终是成功或失败，他们都需要对结果予以分析，并找出成功或失败的原因。再加上导师对这些培养对象班组长后援工作绩效的评分，最终形成他们的项目终审结果。

凡是通过“潜力领导者基础培养项目”的培养对象都会获得一份培养合格证书。具有这张证书的员工将会在未来得到优先的晋升权。而且，在平时，一些面向管理条线岗位的初级课程也会向他们开放。

有了这样的培训过渡，当这些新晋班组长正式上岗的那一天，他们会更好地面对自己角色定位的转变，从而缩短岗位适应期。

但是，班组长的培养到这里就结束了吗？答案当然是否定的。我们知道，在双轨制人才培养体系下，任何岗位都是一个不断持续提升的过程。对于班组长来说，“潜力领导者基础培养项目”是他们的岗前培训。而对新晋班组长的在岗培训至少还会持续一年。毕竟，从拿到“潜力领导者证书”直至正式晋升班组长，这中间总会有时间差，之前所学的内容也总会有遗忘的部分。

新晋班组长们的在岗培训除了课堂的各类必修课和选修课外，还有两种特殊的学习形式。其一就是碎片式学习；其二就是教练研讨会。

碎片式学习是利用邮件或E-learning平台，将一些管理技能或理念通过动画/漫画等形式展现给学员，并且通过在线的互动，让学习者之间形成一种学习社交，进而促进共同进步。比如，我们就有一个“新晋管理者之路”的系列四格漫画，大概有十二期，每期的主题都是和新晋班组长工作密切相关的常见问题。新晋班组长们可以通过看漫画，答问题的方式参与每期互动。而培训团队则会邀请相应资深管理人员对这些互动的结果予以反馈和分享，从而既能解决新晋班组长们的实际管理困惑，又能帮助新晋班组长学习成长。

教练研讨会则是另一种形式的学习。差不多每两周组织一次，参加的成员都是新晋班组长们。在一个管理导师的带领下，每一次研讨会都会邀请两个新晋班组长演示他们的员工辅导实例，然后再由其他与会者一起交流这样的辅导方式的利与弊。通过这种研讨会，快速帮助新晋班组长真正掌握有效教练的方式，从而提升他们的员工管理和辅导技巧，为整个班组的绩效提升助力。

以上述的培养模式培养人才，我们才能为组织提供一批批合格的基层管理人员，同时也为组织储备了大量的潜力领导者们。管理条线岗位的提升不是一朝一夕，它需要持续的引导和训练，只有这样才能“练”出真正成功的管理者。

实践案例：教练研讨会基本流程

（1）选择录音，领导者一定要自己先听一遍，然后把辅导重点写下来。

（2）开始coach，第一步是先破冰，聊聊员工近况，缓解他的紧张情绪或减缓对立情绪。

（3）和员工一起听录音。

（4）询问员工，他觉得这通录音如何？可以先问他自己觉得优点在哪里？之后给予肯定，后面再问不足，如“你觉得这次销售不成功的原因是什么？”“你觉得和这个客户沟通时最大的困难是什么？”

（5）接着员工对不足的观点，导入你的观点。通常，这种导入可以用如下肯定语气："是的，你说的很对。""是的，就如你所说，你在……方面的确有待提升！""是的，你在×××方面做的很到位。"对于肯定的部分，可以同时放录音增强说服力。

（6）之后就不足之处，引出coach的主题："你知道为什么你这次会不成功吗？就像你之前提到的，主要原因就是……"然后进一步开展。

（7）在coach的过程中，可以用如下方法来加深员工印象：在某个问题点，让员工自己说出改善方法，然后对其方法予以完善，并配合案例录音教他更适合的话术，之后和员工一起演练。

（8）Coach结束时，需要再次总结今天的结论，好的是什么，不足的是哪些。通常，一次coach最多只强调3个不足之处，千万不要设太多的改善目标。

（9）和员工一起确认结论后，再一起定行动计划，这个一定要定，通常会说："在接下来的3天，我每天都会听你的录音十通，并及时帮你纠正今天讨论的不足。"

## 第二节　奔跑吧，领导者

在客户联络中心迅速发展的过程中，会有很多新团队被组建起来。这时候，那些参加过储备管理干部认证的后备人才就纷纷走马上任，成为一个个新晋的管理者。当他们满怀雄心壮志，即将施展抱负之时，忽然，一堆堆问题从天而降："组员不会的我该不该帮他做？""两个新人为什么绩效总是提不上来？""就要月末了，绩效达标差了一点点，可组员看起来都已经精疲力尽了该怎么办？""我的老板怎么总是在对我咆哮？"……如此种种，让这些新晋主管们心中逐渐产生了困惑：我明明已经学习过怎样做一线主管，并且也有过学习实践经验了，可为什么现在还会有这么多不会的?

这样的困惑，除了新晋管理者外，也会很多运营经理、总监们摸不到头脑。事实上，这并不是储备管理干部的培训没有用，而是因为学与用的差别。在储备管理干部培养中，学员们还没有走上管理岗位，对于课程设计的领导技能和职业素养的学习，更多还是停留在“我知道了”这个阶段，缺少实际体悟的过程；就算参加学习实践，也更侧重于工作职责和范围的理解。要把储备管理干部培养所学到的知识转换成真正的经验，是需要通过实际管理工作的打磨和积累的。这也是新晋主管们上岗后会产生困惑的主要原因。

那么，有没有办法帮助新晋主管们尽快将知识转变成技能，使他们在较短的时间内真正胜任新的岗位，成为一名合格的Leader（领导者）呢？答案是肯定的。我们可以参考如下的一线主管成长路径来解决这个问题。不过，在问题解决之前，我们还要设置一个角色，那就是Mentor（导师），他们通常由资深主管，经理甚至是总监来担任。

**1.业务了解**

成为主管后，首先要确保的是了解业务。这个业务包括公司给客户提供的产品和服务，也包括作为主管要做的事情。前者，如果是从内部晋升的主管，本身都是业务能手，在双轨制中，至少也是专业职级达到中级；后者，则会在储备管理干部培养中学习到，并且有初步的实践操作。所以，当新晋主管踏上岗位后，最多一周时间，对于自己要做什么就会非常清楚。这一部分内容无需再重复培训，但需要Mentor在最初的时候给予一定的支持和辅导。

**2.进入角色**

新晋主管在工作1~2周后，可能就会遇到本章开头提出的前两个问题了。这个阶段，新晋主管会恨不得什么都自己来干，特别是对新员工，有时候会有一种“恨铁不成钢”的感觉。之所以会产生这样的感觉，是因为新晋主管们还没有把自我的角色调整过来。他们中的很多人还是在从业务能手的视角看事情。所以，这个阶段要帮助新晋主管们转变视角，认清自身的新角色。

### 3.管理团队

什么是管理？什么又是一名管理者需要做的事情？这两个问题的答案有许多，但我结合自身的经验认为：优秀的管理者是通过对人的行为施加影响，进而持续激发和整合团队智慧，有方法地将资源整合成绩效。拆开来看，管理者需要做到：以人为导向、关注结果、通过有效激励来提升员工能动性和用规范的流程和规则引导。

那么，对于新晋主管们来说，又该如何达到上述目标呢？

（1）关注结果——其实，从储备管理干部培养期间就在强调这一点了。而新晋主管们自从上任开始，也会迅速意识到这点。当然，有意识并不代表能做好。从培训的角度出发，可以为新晋主管们开设诸如“SMART目标设定法”“Excel使用技巧”“报表分析基础”等课程，帮助他们更好地拆分任务、跟踪过程，最终实现目标的达成。

（2）用规范的流程和规则引导——对新晋主管来说，不需要去制定业务流程、操作规范，但需要学习如何引导组员遵守这些规范并按照相应流程开展工作。这个过程中，新晋主管会逐渐掌握奖惩的方法和激励的技巧。而培训在此阶段，则可以开设如“DISC”“有效激励”“辅导与反馈技巧”等课程，帮助新晋主管们学习更好的激励工具和方法。而Mentor则可以在定期开展的分享会上做一些自己的经验介绍。

（3）以人为导向+通过有效激励来提升员工能动性——这里的激励更多地是指如何鼓舞士气，提高团队能力和激发工作热情。但要做到这一步并非易事，不要说新晋主管，很多资深的Team Leader（团队领导人）都不一定能满足。但是，我们可以在新晋主管上任的最初阶段，就让他形成这样的观点和意识，而这也是培训需要做的事情。这类培训我建议更多地选择互动式的学习来开展。比如，我曾和自己的培训团队一起开发了针对新晋主管的沙盘游戏课程，通过一个个实际案例的互动交流，帮助学员们更深切地理解什么是以人为导向，用什么方法可以更好地激起员工的主管能动性。另外，在平时，也需要收集并宣导相应的优秀案例，要在整个团队中营造以人为本的管理理念和氛围。

**4.提升蜕变**

新晋主管们通过前三个阶段（8~12个月）的学习和实践，到了第四阶段的时候，基本上已经是合格的Team Leader了。但是，从管理者成长的角度来看，新晋主管们还需要进一步蜕变才能成为真正合格的领导者。这时候，我们需要帮助他们进一步拓宽自身的管理视角，不仅仅专注于日常的管理工作，还需要增加对行业、对市场的认知。概括来讲，就是要“走出去，请进来”。

“走出去，请进来”，其一是带新晋主管去其他优秀的客户联络中心学习交流，去看看别人是怎么做的，拓展自己的管理思路，并将那些成功的经验带回自己的团队进行复制；其二就是让新晋主管们去参加一些行业认证或专业培训，不仅要他们自己学习，还要把学到的新知识带回来，与其他伙伴分享。其三则是不定期地在内部分享最新的行业资讯或新闻，让管理人员不只是埋头苦干。如可以组织2~3名主管专门在工作之余关注并收集最新的行业动态，然后将这些信息通过内刊、企微等渠道在团队内部分享。

合格的管理人员，一定是一个会持续且终身学习的人，并且，他还会把学到的东西应用在日常的管理工作之中。一名优秀的客户联络中心主管，他绝不会在自己的岗位上原地踏步，而是不断地突破自我，向着更高更远的目标奔跑前进!

实践案例：主管们的邮件学习

客户联络中心的运营主管工作非常繁忙，每天都有看不完的数据报表，开不完的各类业务或品质会议，也要和各自管理的团队小组长、员工进行访谈。但是，他们本身还是渴望能提升自己的管理技能、吸收新的管理知识。

既然去上课的时间太少，那么就换一种碎片学习法吧。培训发展部考虑到客户联络中心管理人员的需求，特意安排了邮件学习。

什么是邮件学习？顾名思义，就是通过邮件的方式把学习的材料发给参与者，并让他们完成学习。而这份学习材料也不是什么长篇大论，是由培训发展部的讲师们精心制作，有时候是几幅漫画描述了一个管理案例，有时候则是一个管理思想的核心描述，也有时候则是一次有趣的心理测试，等等。

参与者收到学习邮件后，不是看完就结束了。我们说，学习是要有反馈的，所以，每一次邮件学习材料末尾，就会针对这一次学习材料上所涉及的知识点，由培训发展部的讲师出题，让参与者们完成并邮件反馈。

在沟通中，反馈是一种双向的行为。所以，培训发展部的讲师收到参与者的答题反馈后，会找客户联络中心的资深管理者来对这一次邮件学习主题进行点评，并由点评者抽取他认为答题反馈最好的2个参与者作为幸运儿。之后，点评内容、正确答题结果、幸运儿名单会再以邮件的形式发送到所有参与者的邮箱中。

有人问，这样的邮件学习多久一次？我们是一个月两次，一次发送学习材料，一次发送点评和答案。

## 第三节　运营经理的格局与视野

什么是格局？格局是指一个人的眼界、胸襟、胆识等心理要素的内在布局。有企业家这么来看格局：“一个人要提升格局，必须不断拓宽自己的眼界，多去认识陌生有趣的人，多去了解自己不熟悉的领域。换句话说，这叫作见世面。见过世面的人，眼界更宽，好奇心更重，心胸和格局也更大。”

俗话说“不愿意当将军的士兵不是好兵”，同理，从普通服务专员入职开始，我们就在帮助他们规划自己的职业发展：在每一个星级阶段都会引入不同的非业务类学习，这些学习的目的是拓展一线员工的视野，帮助他们打开下一层级的大门。一直到成为班组长（一线主管），我们都还有一整套的基层领导力课程，帮助新晋主管们踏实基础，为将来走职业化管理之路奠定好的基础。但是，当一线主管晋升为运营经理后，似乎培训就很难再给予什么有力的辅助了。

曾经，我也遇到过类似的困惑。直到自己做了两年运营经理/项目经理后，再重回培训岗位，才发现，对于运营经理的培养来说，关键不是教他们日常的管理工作怎么做，而是要从领导力发展的维度出发，去帮助运营经理更好地适应自身的管理角色。同时，和之前一样，要继续帮助运营经理拓展管理视野，提升他们的管理格局。

那么，我们又该怎么帮助运营经理们来拓展自己的眼界，提升自身格局呢？首先，我们需要了解运营经理所在的管理层级，需要知道在这一层级的管理者们，其最主要的职责是什么？

在拉姆·查兰六阶段领导力发展模型中，我们可以把运营经理定位在阶段二，即“从管理他人到领导管理人员”。在这一阶段，管理者需要具备如图5-1所示。

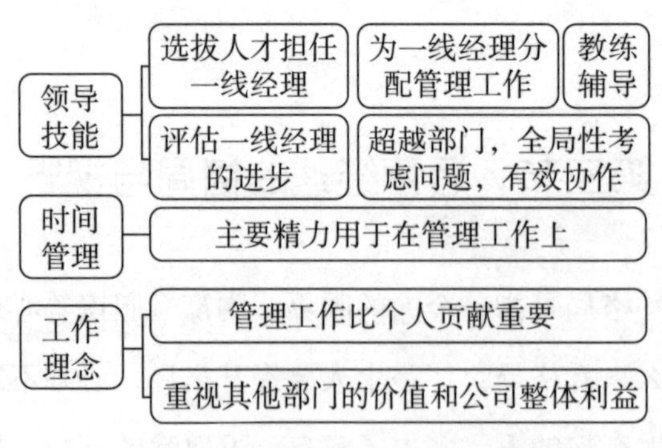


图5-1 管理者需要具备的能力

从上述模型来看，运营经理的职责重在管理，要学会全局思维，能够辅导下属。而在实际管理工作中，运营经理则需要站在全局的角度去思考这个客户联络中心未来1~3年的大致预期，比如：我该扩张还是维持现状？为了满足业务需求、现有的管理储备是否足够？接下来会有员工大规模离职发生吗？如果有，我是否做好了人力储备计划？如果业务发生变化，我是否安排了足够的弹性机制来应对变化最初的动荡，并相对顺利地渡过它？

明确了运营经理的职责和管理角色，培训就可以从实际需求出发，帮助运营经理提升。这时候，又有一个问题出现了，谁来给运营经理上课？我的建议是把运营经理送出去学习。现在有很多机构提供了针对客户联络中心管理的认证课程，这些课程虽然各有侧重，但是，总体来说基本上都能把客户联络中心管理的各个模块和关注点所涵盖。更重要的是，送出去参加培训，能够让运营经理们与其他行业的同行们有了直接的交流，通过学习交流，从而提升自己的眼界与认知。实践证明，送出去学习回来后的运营经理们，总能带一些新的创意和思路回来，进而给整个团队带来新的变化。

除了客户联络中心的知识外，也有一些其他的管理技能是运营经理们需要学习的。当然，和一线主管时期的同类课程相比，运营经理的管理课程重点是提升他们的管理意识和层级，可以安排包括“时间管理与压力应对”“系统性分析与解决问题”“DISC职场高情商沟通”“团队激励与授权”“非财务人员的财务培训”“非人力资源经理的人事培训”等课程。同样的，这些课程也可以送出去参加专项的公开课，或者邀请专业老师来企业和其他职能部门的同事一起培训。

完成以上培训的运营经理们，会对管理有更清晰的认知，并且通过和不同行业，不同职能的人的交流，从而让自己的视野从客户联络中心单一领域，衍生到更多的领域。

但是，这些就够了吗？

当今世界，技术的发展日新月异，作为运营经理，还需要有足够的危机意识。当你还在关注那些运营指标的达成率的时候，你的同行或许已经在考虑将人工服务升级为全AI客服；当你在想要不要扩大智能服务专员占比的时候，你的同行或许已经在考虑将部分服务专员转成机器人训练师……“变，是这个行业唯一的不变规律。”这是我刚入行时，一位前辈赐予的经验之谈。所以，我们要鼓励运营经理们走出去参加不同的行业论坛，多去听听当前的变化之声，及时掌握行业发展的脉搏。要带着危机感去看周围的变化，把自己放在总监或者老板的位置上，阶段性地问自己：未来3~5年会发生什么？我们的业务侧重点会朝哪里倾斜？商业模式会发生怎样的变化？会有什么技术的变革产生，进而影响到整个行业的革新？

无论个人还是组织，发展往往容易受局限，其实“局限”就是格局太小，为其所限。“谋大事者必要布大局”。大格局，即以大视角切入人生，力求站得更高、看得更远、做得更大。大格局决定事情发展的方向，掌控了大格局，也就掌控了局势。

最后以一个小故事来结束本节，希望能给诸位读者引来些许感悟：

三个小伙子结伴去寻找发财的机会。

在一个偏远的山区，他们发现了一种苹果，个头大、口感好，价格还很便宜。

第一个小伙子看着眼前物美价廉的苹果，双目发光。立刻倾其所有，买了十吨苹果运回去，再以比原价高两倍的价格卖出去。就这样，他最先成为家乡的万元大户。

第二个小伙子用了一半的钱，买了一百棵最好的苹果苗，承包了一片山坡。又花了整整三年的时间种植。

第三个小伙子则是直接找到了果园的主人，要了一捧果树下的泥土。回去后，找来专家分析泥土的成分，并模拟当地的温度、光照、湿度等，开垦培育了一片荒山坡。最后在上面栽上苹果树苗。

十年过去后，三个人的命运迥然不同。

第一个小伙子每年赚的钱越来越少，有时甚至会赔钱；第二个小伙子拥有了自己的果园，但因为土壤不同，苹果有些逊色，不过也能赚些钱；而第三个小伙子，成为真正拥有并收获苹果的人。他种出的苹果色香味甜，总能卖出最好的价格。

实践案例：客户联络中心的读书会

客户联络中心要创造一个积极的学习氛围，读书会就是一种合适的学习手段。平时，不管是基层一线服务专员，还是班组长，抑或是运营经理，大家都有自己的工作任务，几乎都是忙的脚不离地。要让他们静下心去看完一本书，这可能就是一项“不可能完成的任务”了。但是，我们不能只是埋头苦干，通过看一些好的管理类书籍，对于客户联络中心的管理者们来说是一种经验的吸取，对普通一线员工来讲，也是知识面的开拓。所以，培训发展部会每两个月组织一次读书会，用短短的一个小时时间，通过各自的学习心得分享，让一本书在彼此的分享过程中被吃透、被吸收。

读书会的基本流程：

（1）选一本好书。最开始的时候是由培训发展部的讲师推荐，随着读书会的开展，则会由其他参与者推荐，并且通过投票来选择某一期要读的书。

（2）分配读书任务。既然是读书，总归还是要读一读的。不过，不是让参与者读完一整本书，而是让他们选其中的某些章节来读，每个人分担不同章节，在读书会开始前完成自己负责章节的阅读即可。

（3）主持人引导。读书会正式开始后，会由当期主持人先来介绍这次分享的书是怎样的一本书，大概讲一讲这本书的背景、影响和为什么选择它。读书会的主持人并不是固定某人，通常是推荐这一期好书的成员来主持。

（4）分享读书心得。主持人之后，就按照章节目录顺序，由完成对应章节阅读的参与者来向大家介绍自己的阅读心得和体会。每一位阅读者都会分享自己的观点。没有阅读该章节的参与者也可以向对方提问和交流。

（5）主持人总结。最后，主持人会把这本书的核心思想再一次提炼总结，并且感谢参与者们的阅读和分享。

读书会上的分享只是一个开始，它就像是一粒种子落在了参与者的心田。这些读了其中一两个章节的参与者或者之前没有领到阅读任务的参与者，之后还是会找时间把这本书再看一下，翻一翻。读书会让所有参与者成为学习的热爱者，同时也在读书会中进行了思想的交流和碰撞，这才是最大的收获。

## 第四节　人才盘点和IDP计划

组织需要有活力，那么人才的流动就必定不是单向的，“能者上，庸者下”是一种常态。而要让这样的常态真正实现，就必须配有相应的管理制度来为其保障。

在客户联络中心的“双轨制”人才培养体系中，业务条线的年度专业职级评定就起到了这样的效果，专业职级评定能让真正有才能的业务骨干得到提升和发展，而那些“老油条们”则会被慢慢淘汰，真正实现不进则退。但是，管理条线并没有类似的专业职级评定来促成人才流动，这时，我们就必须开展年度的管理人才盘点项目。

从企业角度出发，人才盘点可以对企业的关键人才做到心中有数，为战略性的人员任免和调配的决策提供重要输入，并支持企业进行关键人才的前瞻性规划。聚焦到客户联络中心来看，对客户联络中心管理人才（含储备管理干部）的盘点，能够更清晰地展现客户联络中心内部管理条线的人才现状，通过盘点及时发现整个管理条线存在的共性问题，并结合后续的个人发展计划（IDP）促进管理干部梯队的成长。

那怎么来操作呢？如图5-2所示。

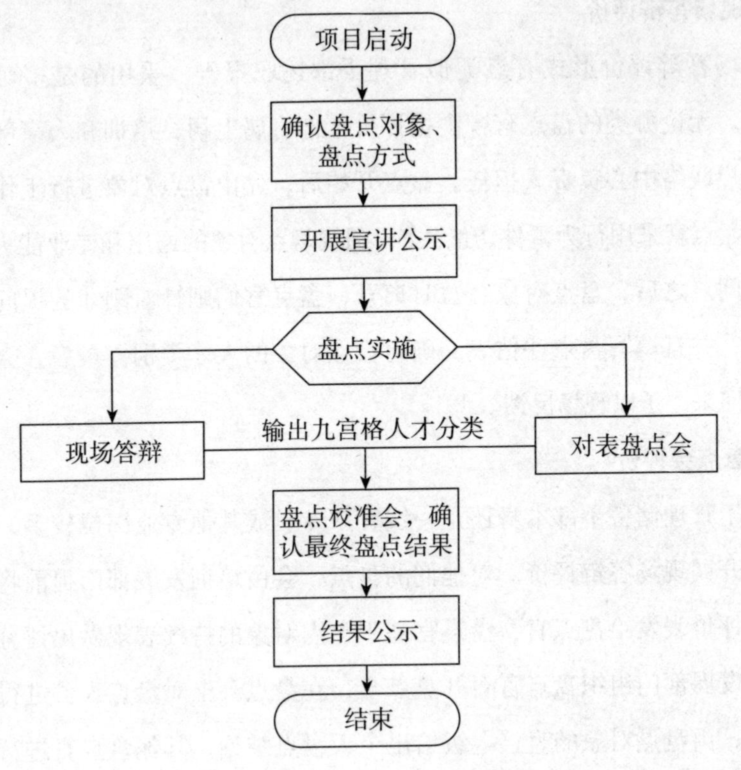


图5-2 人才盘点操作流程

正式启动客户联络中心管理人才盘点项目后，首先还是需要明确盘点对象，即客户联络中心所有管理人才，包括完成储备管理干部认证项目的储备干部，一线组长、运营主管，其他支撑部门主管，运营经理和其他支撑部门经理。其次，由培训发展部门协同人事部一起确认具体盘点实施方法。最后，再由培训发展部门安排向整个管理团队宣讲人才盘点的操作实施细则，让每一个盘点对象清楚这个项目是怎么一回事儿，实现对人才盘点项目认知上的统一。至此，管理人才盘点实施准备就绪。

正式实施管理人才盘点时，可以分成两种盘点评价方式，针对一线组长及以上管理干部，建议开展现场答辩评价，而对管理储备干部的盘点则是通过盘点会评价的形式开展。

### 1.现场答辩评价

现场答辩评价形式有点类似管理干部述职报告，采用的是多对一的评价模式。无论哪类的盘点官皆由被评价干部直属上司、培训和人事部门负责人、客户联络中心负责人担任。盘点开始后，先由盘点对象进行工作述职，然后由盘点官采用行为事件访谈法[1]，围绕盘点对象的通用和专业能力素质项进行提问。之后，盘点对象会暂时离开，盘点官们则针对刚才的提问回答予以讨论，并且填写盘点评估表，确定盘点对象的人才类别。最后，会让盘点对象再回来，予以现场反馈。

### 2.盘点会评价

由于管理储备干部本身还是一线客户专员或其他专业岗位较多，所以，不适合开展现场答辩评价。对他们的盘点，会由培训发展部门提前将盘点对象能力评价表发给盘点官，盘点官基于盘点对象的持续表现做出评分。之后由培训发展部门组织盘点官召开盘点会，在盘点会上对盘点人员进行批量结果讨论，由盘点对象的直接上级给出个人盘点结论，其他盘点官进行补充，如有异议时进行讨论，达成共识。最后，填写盘点评估表，确定盘点对象的人才类别。

完成上述两类盘点评价后，培训发展部、人事部、客户联络中心负责人会一起对盘点结果进行校准，确保盘点标准是一致的，客观公正的，最终根据人才九宫格将客户联络中心管理干部分成五大类。其中，第1类代表组织中的最优者；第2类代表是中坚骨干力量；第3类是目前岗位的胜任者，这三大类都是属于可持续培养对象；第4类是需要重点关注的帮扶对象；第5类就是

---

[1] “行为事件访谈法”（Behavioral Event Interview，简称BEI），是一种开放式的行为回顾式的行为回顾式探索技术，是揭示胜任特征的主要工具。它主要以目标岗位的任职者为访谈对象，通过对访谈的深入访谈，收集访谈对象在任职期间所做的成功和不成功的事件描述，挖掘出影响目标岗位绩效的非常细节的行为。

需要淘汰的对象。人才九宫格如图5-3所示。

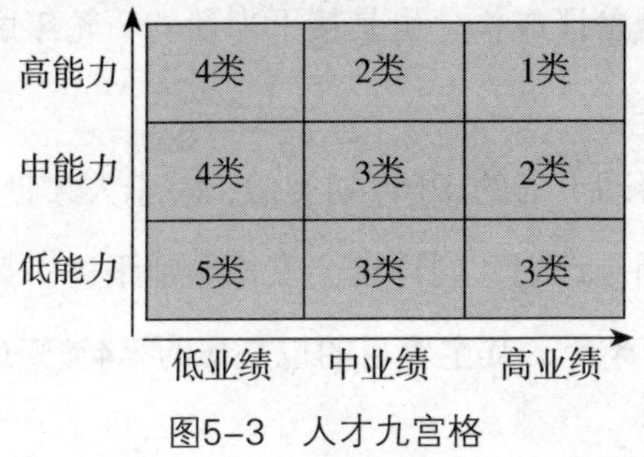


图5-3　人才九宫格

完成盘点校准会后，就可以向所有参与管理人才盘点的盘点对象公示最终结果。那么，管理人才盘点就此结束了吗？不，管理人才盘点的实施是完成了，但后续的跟进培养才刚刚开始，特别是针对第1、第2类的管理干部，将会安排进一步的个人发展计划（IDP）。

IDP（Individual Development Plan）即个人发展计划，指结合员工岗位需要及个人发展意向，双方经沟通达成的促使员工自身素质、技能提高的发展计划，可以包括参加培训、特别指导、指派特别项目、岗位轮换等。

完成管理人才盘点后，对于第1、第2类的管理干部，会由其直属上级和培训发展部一起，同他们讨论制订各自的IDP计划。在这个计划中，双方会先确定一个阶段目标，如未来一年内负责管理的小组要增加到5个。然后一起讨论就目前自身的能力情况来看，若要达成这个目标，还需要哪些方面的提升。这时候，人才盘点的评价结果就能作为参考依据，将具体的待提升项罗列出来。明确了待提升项，接着就能设定进一步细化的学习提升计划。为了使IDP计划的实施更具效率，每一个具体学习提升计划都会有分解的小目标达成要求，同时还会安排对应的历练任务作为证明检验。最终，在确认了IDP计划后，对应的管理干部就要根据计划开始实施，而他的直属上级就将作为其实施过程中的导师，对整个过程予以指导和监督。

IDP计划开展实施后，通常每一个季度都会做一次阶段验收，导师会和实施该计划的管理下部一起回顾IDP计划已经完成的情况，并且根据当前的实际问题，对分解目标的实施计划做微调。在满一年时，则会开展IDP结果最终评估，评估的结果既是验证成长，也是接下来新的一轮年度管理人才盘点的重要参考依据。

和第1、第2类管理干部的IDP计划类似，对于人才盘点第4类管理干部，则会制订后进提升辅导计划，同样也会安排导师跟进。只不过后进提升辅导计划的实施周期只有半年，其主要目的也是帮助第4类管理干部尽可能摆脱陷入第5类的困境。

管理人才盘点配套IDP计划，使整个管理条线的人才发展实现了闭环，也确保了管理条线人才的正常流动，进而促进整个客户联络中心组织的健康发展。

## 本章小结

管理储备人才的培养从新员工入职就开始了：选拔优秀苗子，给他们提供 “绿色通道”，帮助他们快速成长为班组长。然后，在他们正式进入每一个管理岗位之前，让他们参加相应的管理人才培训项目，通过系统的学习，帮助这些人才一步一个脚印，从储备人才变成班组长、从班组长成为运营主管、从运营主管再成长为运营经理，最终可以承担管理一个客户联络中心的重任。

# 参考文献

[1] 袁道唯，田淑红. 呼叫中心的视野与格局 [M]. 北京：清华大学出版社，2005.

[2] 刘泽文，胜任力建模：人才选拔与考核实例分析 [M]. 北京：科学出版社，2009.

[3] 拉姆·查兰，斯蒂芬·德罗特，詹姆斯·诺埃尔. 领导梯队——全面打造领导力驱动型公司 [J]. 今日工程机械，2013.

[4] 埃德加·H·沙因，约翰·V·马. 职业锚：变革时代的职业定位与发展（第4版）[M]. 北京：电子工业出版社，2016.

# 附录　其他管理实践

## 附录1　像游戏一样升级

喜欢打游戏的朋友一定知道，游戏中的升级是靠经验值的提升来实现的，而经验值则是靠完成游戏任务来获取的。玩家通过参加任务获取经验帮助晋升，而在晋升之后又可以去参加更多的有趣的游戏任务，从而体会到更多新的乐趣，进而吸引玩家不断地参与游戏，黏着在游戏之中。

再来看看我们现在的晋升制度吧。绝大多数企业都是通过绩效考核来作为晋升依据，而绩效考核的手段大多数都是采用平衡积分卡、稽核管理这样的方式来进行的。在整个的员工个人发展过程中，绩效排在前的人理所当然的比别人更容易得到升职机会。不过，绩效考核在前的人就一定比绩效考核成绩靠后的人更能胜任管理岗位吗?

什么是管理？管理是一门艺术，它强调灵活性与创造性。记得当初读书时候，我的一位教授曾经这样说，“我喜欢优等生，因为他们的学习成绩好，将来走到社会上可以成为人才；我也很看重那些在我的课程上没有取得好成绩的学生，这些人不是学不好，他们只是更具叛逆性，但是，社会的进步往往就是靠这些带有微叛逆精神的学生，依靠他们的创造性行为而带来的。”

我本人就非常赞同教授的观点。在企业中，我们会发现，有些绩效成绩不是很好的员工，如果仔细分析他的平衡积分卡，你会发现，其中某些需要有创造力的考核点他的得分往往很高，而那些需要死守规矩的考核点则得分偏低。这些人具备创造性才能，有自己的想法，但是很可能不喜欢刻板和墨守成规。因此，在我们的传统绩效考核中，这样的人才往往会被埋没，导致最终流失。

企业的发展需要创造力。具有创造性才能的员工，很可能将来就是企业继续发展的关键。那么，如何留住这些人才呢？为了他们去改变绩效考核体系？这个是不实际的，企业除了需要有创造力的人，更多的还是需要能够守成的人。我们当前的各类绩效考核体系对于选拔能够守成的人才已经是比较完善的了。那么，如何做到两全呢？

这时，我们不妨将目光投到之前说过的游戏升级方式：通过取得经验值来晋升。游戏里面没有企业中所谓的好员工和坏员工，所有人都是遵循同一套晋升规则，谁的经验值达到升级要求，谁就可以升级。所以，对游戏中的玩家来说，无论你是何种游戏职业或者你使用何种获得经验值的方法，最终都能够积累到足够的升级经验。所以，这个晋升机制对每个人都是公平的。

那么，我们把这套制度搬到企业中，又该如何操作呢？我们不妨这样尝试：设置一个荣誉点数，当荣誉点数达到额定值时就可以升级。比如，普通员工晋升到组长的荣誉点数要求是10；而组长要晋升主管的荣誉点数要求是30……随着级别的增加，所需荣誉点数也相应提升。

接下来，我们设想一下，员工该如何获取荣誉点数？传统的绩效考核成绩肯定是一种。我们可以设定，每个月绩效成绩前5%的员工，可以得到0.5个荣誉点，而当月绩效成绩第一的还可以获得额外的1个荣誉点。另外，我们可以在工作中发布一些任务，这些任务都具有一定的创造性，它们的实现可以让企业在某个方面有进步，如提升客户满意度。这些任务根据自身实现难度对应0.5~3不同的荣誉点。当然，这些任务还有一个特点，即他们不是传统意义上的“本职工作”，但是又与本职工作有联系。这些任务可以由一个或几个员工一起来完成，当然，完成后的荣誉点也将根据参与人数平分。对于接了任务却不能完成的员工，则会扣除其对应的荣誉点，也和游戏里面一样。员工为了做好任务，他会充分发挥自己的创造性才能，对于一些需要多人完成的任务，则能在做任务的同时培养员工的团队意识和沟通能力。除了绩效考核成绩、做任务外，参加社会公益活动，如献血、义务社工等也都可以享受到荣誉点。这样使企业在发展自身的同时，也在鼓励和培养员工的社会责任感。

通过这样一套荣誉点晋升机制，最大程度激发员工的参与热情，同时对于人才选拔也增加了更多的渠道，从而尽可能多地为企业挖掘出不同的人才。

管理是一种创造性的艺术行为，像游戏一样升级的绩效管理模式也是一种创造性的管理尝试。当然，要真正实现这样的管理模式，并不是像我写的那样简单，它必定涉及更多的细节。管理者不仅要有大胆的创新精神，也要敢于尝试，希望自己的这篇文章能够为各位管理者打开一个新的视角。

准备好了吗？让我们去接新的任务吧！

# 附录2　从NPS和FCR相关性分析说起

NPS（净推荐值）和FCR（首次解决率）是如今的客户联络中心比较关注的两项运营指标。前者更关注结果，后者则是注重过程。那么，对于这个两个指标之间究竟存在怎样的内在关联？我也曾经用MiniTab做过一次NPS和FCR的相关性分析，大致的数据分析过程如图1-1至图1-3所示。

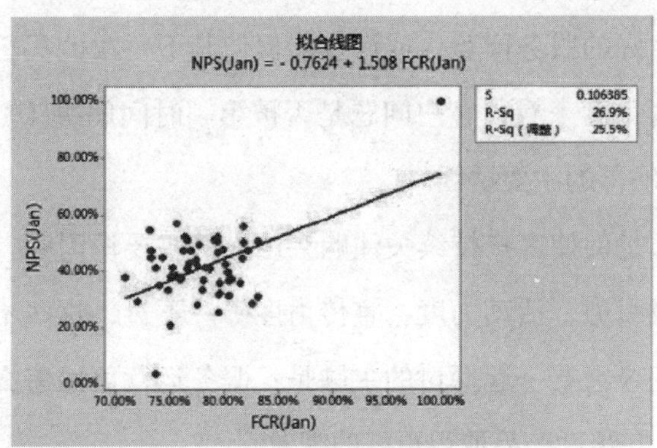


图1-1　FCR和NPS的相关性分析

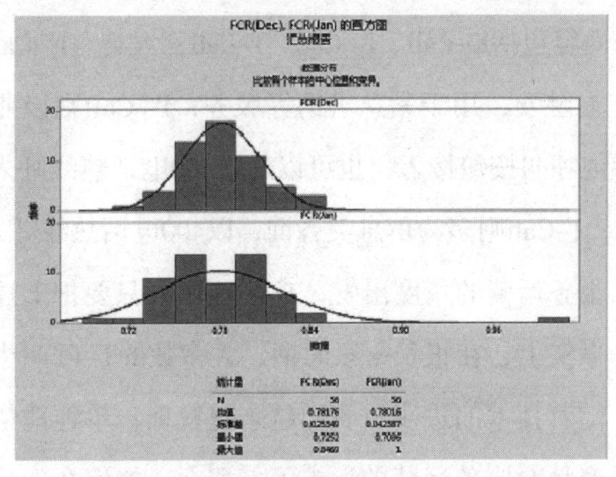


图1-2　前后两个月的FCR成绩对比（12月成绩好于1月）

NPS(Dec) - NPS(Jan) 的配对 T

| | N | 均值 | 标准差 | 均值标准误 |
|---|---|---|---|---|
| NPS(Dec) | 56 | 0.4280 | 0.0893 | 0.0119 |
| NPS(Jan) | 56 | 0.4142 | 0.1233 | 0.0165 |
| 差值 | 56 | 0.0138 | 0.0932 | 0.0125 |

平均差的 95% 置信区间：(-0.0111, 0.0388)
平均差 = 0（与 ≠ 0）的 T 检验：T 值 = 1.11 P 值 0.272

图1-3 12月和1月对应NPS的配对分析

分析得出的结果是：

（1）NPS和FCR有弱正相关（图1-1）。

（2）FCR的好坏不直接影响NPS分值的高低（图1-2、图1-3）。

该如何解读这个结果呢？从服务运营角度来看，及时解决客户问题的确能够让客户产生好的服务体验，或许也能促使其下一次购买行为的发生。但是，从产品运营角度来看，客户问题是否被第一时间解决（FCR）并不是客户持续购买（NPS）的主要诱因。

那么，什么是促使客户持续关注购买产品的主要诱因呢？这个因素会有很多，如品牌吸引力，活动力度，宣传力度等。不过，这些不是我们今天讨论的话题。我们今天要一起探讨的主题是：服务运营可以怎么更好地配合整体的产品运营，并帮助产品取得更好的绩效。

以我从事的车联网行业来举例。车联网呼叫中心又可以称为T-呼叫中心，其主要服务内容包括E-Call、B-Call、I-Call三大类。E-Call是紧急呼救电话，通常是由车端触发，用于紧急求助等服务；B-Call则以业务操作为主，可以通过车内一键呼叫按钮接入，也可以通过400电话热线呼入，通常以车联服务为主要诉求；I-Call则多为信息类咨询，以400电话热线呼入较多。

如果只是从服务运营的角度出发，T-呼叫中心只要把上述三类来话服务做好就可以了。事实上，在很长一段时期，大多数的T-呼叫中心也的确是这么做的。但是，随着技术的进步，我们越来越发现，单纯地依靠被动服务客户已经无法满足产品对服务运营的诉求了。那么，如何在新的时代继续体现

T-呼叫中心的存在价值，并且进一步提升服务对产品的支持作用呢？

要回答上面这个问题，我们先要厘清产品运营的目的是什么？对于车联网产品来说，评价它的成功与否，主要是看通过车联网产品的使用，是否能增加用户对汽车品牌的认可，进而促进汽车品牌的销售增长。

既然整个车联网产品的运营的最终目标是促进汽车品牌的销售增长，那么车联网的服务运营势必也要以此为目标来设定服务战略。也就是说，车联网服务运营要看的不仅仅是汽车生命周期的某一段，而是要着眼于整个客户生命周期。

从销售的角度来看，汽车的客户生命周期可以分为售前、售中和售后三大阶段。就与客户的互动行为来看，每一个大阶段又可以分为三类互动过程，而这三类互动过程又各自代表了不同的客户关系。大体来说，就是如图1-4所示的客户生命周期的触点。

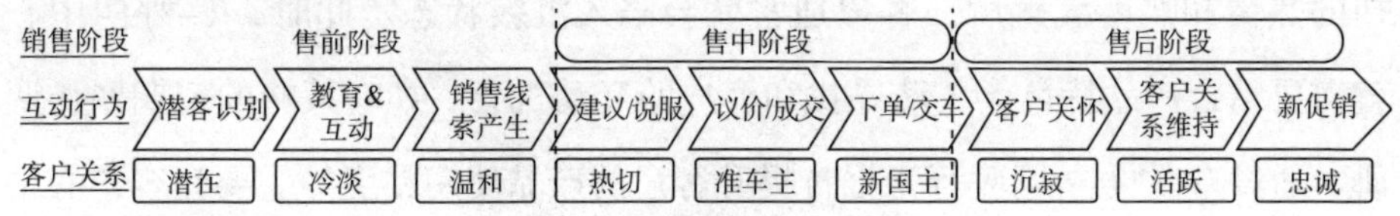


图1-4　客户生命周期的融点

厘清了客户生命周期，我们再来看看T-呼叫中心服务运营可以参与哪些触点管理？从客户关系和互动行为来看，比较明显的适合T-呼叫中心可以积极参与的环节分别是：售中阶段的建议/说服过程和下单/交车过程，售后阶段的客户关怀与客户关系维护过程。

**1.售中阶段：建议/说服过程**

这个过程通常会伴随着试乘试驾开展。在这个过程，4S店的销售会让客户体验车子的各项性能和操作，车联网服务通常是其中的一个环节。对于T-呼叫中心来说，这个服务触点就是要让潜在客户有一次“完美试驾体验”，能从侧面协助销售达到“帮助客户下决心购买”。

**2.售中阶段：下单/交车过程**

这个过程主要体现在办理交车手续和第一次正式使用两个触点。

前者主要是做好实名认证的辅助工作。当车主在实名认证过程遇到问题时，T-呼叫中心的客服可以在接到电话后以积极的态度予以协助处理。

后者则是要让客户对车联网产品有一个更全面的认知。通常，T-呼叫中心可以通过一些话术，配合外呼/微信/短消息等方式主动联系新车主，达成首次使用的“客户教育”目的。并且，当客户有某个具体使用疑问时，能够在线为其解决。

这个过程的关键点就是要正面强化“客户购车的决定是最正确的”这一信念。

**3.售后阶段：客户关怀过程**

这个过程比较常见的是在车主购车一个月后。在熟悉了新车的使用，最初的热情和热度缓解后，客户通常就会陷入沉寂状态。此时，T-呼叫中心就需要结合产品特色，主动寻找和客户的互动机会。如有策略的定期回访调研、通过车况报告/驾驶行为报告提升客户的产品使用粘度等。要让客户心中有“T-呼叫中心的专席顾问就是我的行车管家”的理念。

**4.售后阶段：客户关系维持过程**

这个过程会一直持续到客户生命周期结束。在这么长的时间段中，T-呼叫中心要真正代入“行车管家”的角色，包括维保提醒、违章提醒、流量提醒、约会提醒、行程（建议）安排等活动，并且配合其他市场、产品部门做好用户画像工作和大数据分析协助，从而进一步掌握客户喜好和驾驶诉求，帮助产品推出更有侧重性的车联网服务或产品功能，真正达到“牢牢绑定用户，增加其品牌忠诚度”的目的。

以上四个过程就是T-呼叫中心可以直接参与的环节。但是，在售前阶段和新促销过程中，T-呼叫中心也依旧有其价值所在。由于T-呼叫中心对客户和车辆状况的熟悉，完全可以在日常与客户互动中发现潜在的销售线索，并将此线索传递给销售部门，进而实现整个客户生命周期的闭环操作。

通过T-呼叫中心的这个例子，我想读者朋友对服务运营如何配合整体的产品运营，并帮助产品取得更好的绩效这个理念有了一定的了解。总之，要让服务运营体现出更大的价值，就一定要让整个服务运营团队变得更开放、更主动、更具有营销意识。这些效果的达成离不开服务运营流程的优化，团队管理方式的改变，以及组织有针对性的员工培训。当然，这又将是新的讨论话题了。

# 附录3　全面品质管理的实践心得

在呼叫中心这个行业，自己待了也有不少年头，曾经工作过的企业也囊括了不同的性质和类型：有纯外包的，也有自建的；有外资的，也有民营的；有传统行业，也有新兴网络科技。无论这些企业中的哪一家，无论是做呼入服务为主的，还是以电话销售为主的，几乎都希望做到全面的品质管理。因为所有的呼叫中心企业都有一个共识，即服务的品质是呼叫中心生存的根本。然而，并不是所有的企业都能真正做到全面的品质管理。这是什么原因呢？

在不同的岗位上，我们对品质管理的认知会有不同。对运营团队来讲，有时候运营主管或经理会想，品质管理是质控团队的事情，做指标都来不及，哪里还有时间做大量的品质辅导？而质控团队又会说，“我们的人手不够，要保证足够的服务监控量，就没有更多的时间去给每一位员工进行辅导。我们已经将发现的问题反馈给一线，班组长，项目负责人自己也可以进行辅导。”而培训团队则会说，“需要培训就把需求提出来，我们会根据需求提供培训，其他的事情帮不上忙。”就这样，呼叫中心每个功能模块都是从自己部门的角度出发来看品质管理，因此，在执行过程中，也不可避免地出现各家自扫门前雪的现象。最终，全面地品质管理工作没有真正地被落实。那如何解决这些问题，使全面品质管理工作能够真正地执行呢？

就个人的工作经验和观察，我认为要实现全面品质管理，首先就要打破过于清晰的部门界限。培训、运营、质检、招聘不再是绝对独立的部门，而是需要融入项目之中，将各个功能模块组成一个大的工作集合体，分工合作，紧密联系，为了共同的目标提升服务品质。只有目标一致，才能行动一致。

接下来，我们具体来说说这个大集合体中的各个模块在全面品质管理中的角色。

**1.招聘，品质保障的第一关**

有时候，我们会说，某个呼叫中心的服务品质好坏从员工身上就能体现出来，根本不需要通过电话来测试。这句话可能有些武断，但总体来说，呼叫中心一线员工的精神面貌和职业素养，的确能够反映出这个呼叫中心的专业程度以及其可能达到的高品质服务。我们无法想象，一个染着五颜六色头发，走路东摇西晃、精神面貌不佳的员工，会在电话中给他的客户提供专业的优质服务。通常，一个人的精气神可以反映出他对工作的态度。所以，招聘过程中，选择真正合适的人是整个服务品质保障的最初的关卡。招聘人员的一时疏忽，很可能就会造成企业在人力、财力上的浪费。因此，对于招聘来说，除了在招聘环节中增加相应的考核项来判断该应聘者的相关能力和态度外，在招聘结束、员工上岗之后，也需要进行定期回访，以了解某一批次的入职人员其工作适应程度。同时，根据这些回访的结果及时总结分析，并调整相应的招聘措施，以确保尽可能地将合格的人才选拔出来。

**2.培训，品质提升的摇篮**

在整个品质保障的过程中，培训始终贯穿其中。新人入职的最初一个月，培训不仅需要教会新人基本的技能技巧，还需要适时地承担一些辅导工作，从而帮助新人对团队更有归属感，同时，也能更快地融入团队。当一个员工通过试用期时，培训可以安排一些情绪管理之类的课程，在教给员工解压技巧的时候也能为他们的职业发展进行一些辅导，使员工能够有更清晰的自我定位。平时，培训除了业务或技能课程外，还可以组织一些案例分享的课程，邀请那些优秀的客服代表“现身说法”，将他们的优秀服务经验和理念与更多的人分享。将优质服务理念与服务技巧推广的同时，也在团队中树立了学优的榜样，进而使团队朝着更优的标准进步。最后，培训也要承担起补差的工作。当团队中有员工的服务品质已经无法单靠质检纠错来改进时，就需要培训对该员工开展离岗的辅导。总之，在全面品质管理中，培训不再是一个被动的角色，而是一个主动参与的角色。

**3.质检，是为了提升而非查错**

有不少客服团队将质检的定义局限在发现错误的角色，其实，这是很狭隘的。在全面品质管理中，质检不仅仅是找出问题，更需要对这些问题提出专业的改进建议，并将这些建议落实。为了能够实现这样的目标，初始的时候，质检的抽样比例就不能定得太高，太高就意味着抽查量大，质检员们没有更多的时间来进行查错以外的辅导工作。一般来说，2%~5%的抽查量就足够有代表性了。对于一些话务量比较大的项目来说，2%也已经不少了。纠错辅导可以分为在线辅导和离线辅导，前者为质检在监听录音过程中发现了问题实时反馈给当事人，后者则是事后工作，即根据前一天的质检结果给相关人员进行辅导。质检辅导理论上来说，项目负责人、班组长都可以做，但从实际的效果来看，由质检员做的辅导会比一线主管做的效果更好些，原因主要是员工的感知。就像小时候，父母和老师说同样的话，我们对老师说会比父母说记得牢。这就是对老师的认同。而质检员在员工心中就相当于过去的老师，他们会更认同老师的话。通过辅导，员工才会真正认识自己的不足，并知道该如何改进。只有不断地辅导、改进，员工才会有本质上的提升。所以，若将质检的时间都花在满足抽查量上而忽视了持续的品质辅导和提升，则是本末倒置。

**4.运营，品质管理的真正执行者**

无论招聘、培训还是质检，其实在全面品质管理工作中都是辅助的作用。真正要实现全面的品质管理，关键的关键还是在于运营团队自身的认识。如果运营管理团队始终将品质工作推给质检、培训去做，那么，这个团队的品质管理永远不可能做好。所以，要实现全面的品质管理，运营团队中的各级管理人员首先就要有这个意识。平时，除了质检的辅导外，班组长也需要经常性地安排组内的辅导，包括录音分享，案例学习等，只有班组长的主动参与，才能让整个小组的人对服务品质的意识更加深刻，并且保持主动性。而项目主管或经理对品质保障的认知，则决定了该项目愿意在品质管理中的投入究竟有多大。

上述四点，基本概述了全面品质管理中的四大组织模块所需担任的角色和承担的责任。但以上所讲的也仅仅是对于员工服务品质的管理。而就一个项目来说，持续的服务品质提升，不仅包括员工服务技能的提升，更重要的还有服务流程的优化。通过优化流程，找出服务的关键时刻；通过服务关键时刻的服务定义及升级，进而提升服务效率，增加用户的体验度和忠诚度。

因此，在全面品质管理中，流程优化工作也是一个很重要的内容。通常，项目团队都会有固定的项目品质沟通会。在这个会中，招聘、培训、质检、运营等模块的负责人会就当前的项目开展情况进行全面交流。而质检在这个会议中，除了汇报员工的服务品质情况外，也会就发现的流程方面的不足进行反馈，从而促使项目团队就这个流程进行梳理与优化。

最后，要真正持久地开展全面品质管理工作，一个好的内部绩效考核与激励方案也是必不可少的。更多的正面激励往往是促使员工自主向前的动力，鼓励远比惩罚要有效。

全面品质管理是一个长期的工程，如果呼叫中心想要做全面品质管理，就必须有这个决心和毅力。只有保证持久地进行品质管理工作，服务质量的提升才会真正被观测到。

# 附录4　弹性质检工作模式

质量控制，通常都是指以各种科学的计量方法对产品或服务进行检测，以确保相应的产品或服务质量在既定的质量标准要求范围之内，也就是指实现产品或服务的可控。然而，这就是质量控制的所有内涵吗？这只是对质量控制字面意义上的理解。个人认为，质量控制的目标不仅仅是实现可控，更重要的是，要在可控的基础上让质量逐步提升。作为质检，我们都曾了解过“PDCA”的质控方法（图1-5），它就是指通过不断地“计划→执行→检查→改正，再执行”最终实现质量的持续提升。所以，通常在质检团队中，质检主管（QA）的工作更多地是分析和计划，通过分析发现问题，然后制订计划来改进这个问题。而具体的执行，则是通过QC（质检员）来完成。

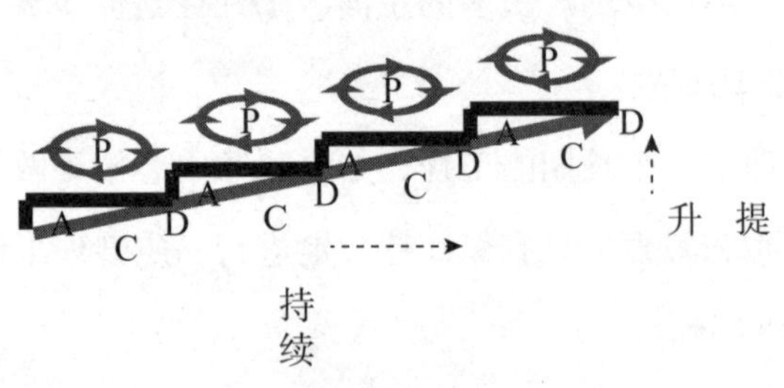


图1-5　PDCA的质控方法

那么，具体执行时，QC是怎么操作的呢？很多公司会对抽检量提出比较高的要求，通过更全面的覆盖检查，来发现隐藏的质量漏洞。这么做，可以更多地找出问题，然后将问题反馈给一线运营部门，并由一线部门来落实改进。这种方法，需要QC每天完成大量的检测工作，同时，对于具体的改进落实工作则又回到运营团队的手中。如果仅仅算QC的产出率，这样的安排产出率必定是比较高的，但若是从QC的价值来讲，这样的质检模式就未必是最好的了。大多数的QC都是来自一线，有丰富的实战经验，所以，如果能将QC们的经验更大效果地发挥，即不仅仅是找错，还能以自己的经验来帮助一线员工改进和提升，那么，这才是实现QC的最大程度的利用率。为了实现这一QC价值最大化的目标，我在单位中尝试了一种我们自称为“弹性质检”的工作模式。

弹性，就是指不固定。不固定的质检模式，主要体现在三个方面，即抽检量的弹性、QC工作安排的弹性、人力安排的弹性。

**1.抽检量的弹性**

抽检量的弹性不是说抽检的随意性，如这个月抽检5%，下个月只抽3%。在弹性质检工作模式中，抽检总量是一个定值，即根据相应的KPI要求，保证每月的质检总量是一个固定的比率，以实现质检的覆盖要求。抽检量的弹性是指对于不同的员工在安排其一周的对应抽检比率时可以不完全等同于总的抽检比率。具体来说，就是根据员工上一周的质检成绩来弹性地调整本周的质检量。

我们设计了这样一张表来实现抽检量的弹性（表1–1）。首先，QA每周都会根据预估的话务量来算出本周实际的质检量，之后根据被质检团队的人数，计算出人均的质检量。接下来，就开始了弹性安排。QA会将整个团队成员分成四个组别，即品质优秀、低品质、普通和新人。品质优秀是指上周的平均质检成绩达到设定的质检优秀标准以上；低品质是指上周的平均质检成绩低于质检合格分；新人则是指入组一个月内的新员工。这四个组别成员的抽检量规则一般来说，品质优秀组中的成员可以享受一次免检资格，即本周的抽检量为0；低品质组中的成员的抽检量则是普通组成员的2倍；而新人组成员哪怕上周其质检成绩达到优秀，本周依旧是2倍的抽检标准。

表1-1　抽样信息

<table>
<tr><th colspan="4">话务量信息</th></tr>
<tr><td>预估话务量</td><td>9873</td><td>实际话务量</td><td>—</td></tr>
<tr><td>质检比例</td><td>5%</td><td>实际质检量</td><td>—</td></tr>
<tr><td>质检量预设</td><td>493.65</td><td>质检比例</td><td>—</td></tr>
<tr><th colspan="4">团队信息</th></tr>
<tr><td>团队人数</td><td>77</td><td>新员工人数</td><td>4</td></tr>
<tr><td>质检合格分</td><td>80</td><td>上周平均成绩</td><td>85.57</td></tr>
<tr><td>质检优秀标准</td><td>90</td><td>上周质检优秀数</td><td>116</td></tr>
<tr><td>本周可免检人数</td><td>13</td><td>本周质检人数</td><td>64</td></tr>
<tr><td>60 分以下人数</td><td>1</td><td>本周低品质人数（除 60 以上）</td><td>14</td></tr>
<tr><td>平均质检数</td><td>6</td><td>普通员工质检总数</td><td>296</td></tr>
<tr><td>新员工质检倍数</td><td>2</td><td>新员工质检总数</td><td>13</td></tr>
<tr><td>低品质质检倍数</td><td>2</td><td>低品质质检总数</td><td>185</td></tr>
<tr><th colspan="4">质检完成信息</th></tr>
<tr><td colspan="2">本周质检完成度</td><td colspan="2">—</td></tr>
<tr><td colspan="2">普通员工完成质检数</td><td colspan="2">—</td></tr>
<tr><td colspan="2">低品质员工完成质检数</td><td colspan="2">—</td></tr>
<tr><td colspan="2">新员工完成质检数</td><td colspan="2">—</td></tr>
<tr><td colspan="2">当前质检平均分</td><td colspan="2">—</td></tr>
</table>

通过弹性化的抽检，使QC的关注重点可以更多地放在低品质组和新人组的成员身上，从而可以更有效地加强对这些可能影响整体服务品质人员的监控。而同样的，对于品质优秀组成员实施免检，也在一定程度上对这些服务品质较好的员工的一种肯定，更是一种树立模范的作用，使普通组成员有了学习的榜样。当然，品质优秀组虽然不做硬性的抽检要求，但是QA会对他们本周的服务记录进行随机的检查，以了解这些人本周大概的工作情况。实验

证明，享受免检的员工的服务质量通常需要更进一步提升，而新人组和低品质组员工在加倍的质检条件下，进步也比以往要更明显。

**2.QC工作安排的弹性**

前面我们说过，要发挥出QC的最大价值，就不能让他们完全沉没在大量的检测工作之中。因此，弹性质检工作模式对于QC每日工作内容的安排也不是固定要求。在这里，我们给予QC最大程度的自主权，他可以根据自己的实际需要，调整当日的工作时间，来合理安排检测和辅导的工作量。

QC的辅导工作可以分为两种，一是在线的纠错；二是与低品质员工的一对一教练。而QC的检测工作也可以分为两类，实时监控和事后监控。

一般来说，QC在接受到QA分派的一周工作量安排后，他可以自己估算出这一周总的质检量需求，然后可以自由决定对于这些质检量采用哪一种检测方式。比如，对于新人或低品质员工会以实时监控和事后监控对半的比例来完成对其的检测，而对于普通员工则以事后监控为主。而当QC在对某个人进行实时监控时，若发现有问题，他会第一时间记录，然后在线将这个问题和当事人进行反馈，以帮助他们及时改正错误。当然，通常情况下，在服务进行过程中只有发生致命错误的时候QC才会当场纠错，一般只会在服务结束后，利用ACW的时间来纠错。

而一对一的教练则是QC事先与被辅导人预约好时间，然后和被辅导人及其直属上级一起，就该被辅导人存在的主要问题进行面对面地教练，帮助他认识自己的问题并提出改进方案。辅导结束后，QC则会有针对性地在检测时检验改进措施的落实情况，从而保证该措施的有效执行以及被辅导人的进步。

**3.人力安排的弹性**

如在第一部分所述，每周的质检总量是事先计算好的，而QC每日的工作内容中除了要完成检测任务，还要承担一定的辅导工作，这样一来，势必会在一定程度上影响每周的质检总量的完成。这里，除了QC自己学会时间管理来完成工作量外，QA还会将一小部分（大概质检总量的10%）的抽检量交于运营团队的一线管理人员负责。就如我在《全面品质管理的实践心得》一文中所说，运营团队其实是品质管理的一个重要组成环节，所以，将一定的质检量交于一线管理团队完成，不仅仅是让他们可以更好地了解自己团队的员工品质，还能够保证整体的质检质量。

由于运营团队参与到质检打分的工作之中，这必定会产生两个团队因对质检标准的不同理解而出现质检评定的结果差异。所以，这也就会要求参与质检的所有人定期地开展质量校准会来消弥这类误差，对特定的质量要求形成共识。

同时，这样的安排也使QC有足够的时间来实施对低品质员工或新员工的辅导教练。从而使质量提升工作不会因为质检量的无法完成而受到影响。

以上三点就是弹性质检工作模式的主要构成，当然，这样做不仅仅是帮助了团队的质量持续提升，而且，就QC本身来说，通过时间管理、辅导教练、校准会议，使他们自身的工作能力和沟通技巧都可以得到不同程度地提升，为QC将来的职业发展打好一定的基础。除此之外，通过弹性质检工作模式，让质检团队更多地融入运营团队之中，更多地沟通和交流能够减少两个团队之间的对立心态，更有利于整体团队的合作和发展。

# 附录5 浅谈服务危机预警

在当今的企业竞争中，产品的竞争已逐渐让位于服务的竞争，很多时候，同等质量的产品会因为其带给客户的服务体验不同而有截然相反的遭遇。服务品质成为企业宣传的一个卖点，同时也成为客户衡量企业优劣的一个参考标准。但是，就如同产品质量问题会引起企业经营风险一样，服务质量问题同样容易造成客户对企业的信任危机。所以，为了更好地规避潜在的信任风险，及时掌握客户对企业的满意度变化，企业就必须建立其专门的服务危机预警机制，以做到未雨绸缪。

什么情况下会引发服务危机？几乎任何情况下都可能引发服务危机。最简单的，就是用户在享受企业提供的服务时没有体验到企业承诺的服务水平，这就会造成用户对服务的不满，进而可能引发用户对企业的信任危机。

所以，为了尽可能规避这样或那样的服务危机的出现，企业就需要建立自己的服务危机预警机制，及时发现危机并且尽早将其扼杀在萌芽阶段。

服务危机预警该由企业的哪个部门来建立并负责呢？企业客户服务中心理应担任起这个重责。客户服务中心本身就是企业连接客户的窗口，它从建立开始就具备了良好的信息收集功能，同时由于每时每刻都在与客户进行直接的接触，这也使它更容易把握客户的动向。因此，在客户服务中心原有的基础上建立服务危机预警功能完全是水道渠成之事。它既能降低企业对该机制的投入成本，同时也能更大程度地做到量才而用、效率最大化。

服务危机预警是如何起作用的呢？当客户服务中心启用了服务危机预警功能，那么它可以根据如下四个阶段来响应那些潜在的或现实的服务危机：

**1.危机预警阶段**

这一阶段又可以分为两种触发条件。

一种情况是由一线客服人员主动触发。比如，在某一个时间段内，一线客服人员突然接到来自不同渠道的针对同一问题的大量反馈，此时，一线客服人员就可以触发服务危机预警警报。他于第一时间将这些问题整理后升级，由上级主管判断该预警警报是否正式生效。

另一种情况则是由质检触发。在日常质检中，若发现了某例可能造成用户潜在投诉或者低品质服务事件后，可以由质检直接将该案例作为潜在危机预警升级至一线主管处理。

**2.危机警报发布阶段**

这一阶段是由一线主管在接到升级的预警警报触发事件后，根据实际情况判定是否正式发布危机警报。

对于第一类触发条件引起的升级事件，一线主管将根据该问题的影响程度启动不同的服务预警。比如，仅仅是用户的建议性反馈，就不需要发布正式的危机警报，但可以采取优先升级的方式将反馈传递给相关部门，让他们知晓客户的建议。又如，对于比较大规模的、对于某一产品质量或市场活动的不满反馈，则可以作为潜在危机预警警报发布，除了让相关部门了解以外，还需要报备企业的法律部门和更高一层管理层，从而让他们也能在第一时间知悉该事件，并随时做好应对的准备。

对于第二类处罚条件引起的升级事件，一线主管则会对该录音进行二次检验，以确定该事件可能造成的用户不满程度，并根据这个不满程度的大小，重新安排当事人联系用户致歉或者由主管亲自致电用户安抚，从而在第一时间将这个潜在危机进行干预。但是，若该事件在升级的同时已经或正在造成比较严重的危害（如用户已经致电其他媒体曝光等），则需要发布正式危机警报，作为正式的已发生的危机知晓公司公关、法律、管理层等部门，从而尽可能为公司的危机处理决策做好最基础的信息支持。

**3.危机警报处理阶段**

在这一阶段，针对潜在危机预警警报和正式危机警报，将会采取不同的应对政策。对于前者，潜在危机相关部门将在企业法律部门的法律支持下，在管理层的直接关注下，第一时间对该事件做出明确的反应并提供解决方案，由客户服务中心负责面向全体用户发布，从而及时消除用户对该事件造成的不满情绪，并且阻止该事件的进一步恶化。而对于后者，客户服务中心除了主动与该用户联系，了解用户对于处理该事件的态度后，联合企业公关、法律等部门，在政策条件允许的前提下，对用户予以适当的补偿，同时，也可以主动与媒体接触，就这个事件进行一些表态，来缓解该事件造成的负面影响，并且借此机会进行一次有利于企业的正面宣传。

**4.危机预警报解除阶段**

这一阶段是一个总结和回顾的阶段。无论属于哪一类危机预警，只要最终已经被解决，都需要进行企业内部的归纳总结，以避免今后再次出现类似的事件，并且需要对已解决的事件进行归档，作为企业内部的学习案例保存。

当然，建立有效的危机预警机制不仅仅是为了在危机发生时能够更及时地处理，事实上，防患于未然才是这一机制的真正作用，所以，在平时，客户服务中心需要加大员工对于服务危机意识的培养，通过组织学习以往的危机案例来帮助员工提升相应的危机处理能力。同时，对于现有的管理流程和制度也进行适当的优化，尽可能帮助一线员工更准确地判断潜在危机事件的存在，从而尽早地在危机警报发布阶段就将问题解决。从而避免相关预警警报的进一步升级。而质检部门也需要加强对于日常质检结果的反馈控制，以确保那些被检测出的错误点都得到了及时的弥补，从而降低用户可能发生的不满概率。

总之，服务危机预警是企业的一种态度，是企业对用户的最直接的关注，也是企业建立良好品牌口碑的保障。

# 附录6　呼叫中心的关键时刻

“关键时刻”（Moment Of Truth，简称MOT）是由管理大师詹·卡尔森（Jan Carlzon）提出的一种服务管理的哲学。所谓“关键时刻”，就是一位顾客和公司的某一部分发生了接触，不论是多么小的接触，都是会给顾客留下印象的一个机会。 MOT的服务管理哲学对于当今以服务为导向的经济社会具有很强的指导作用，特别是它对于企业如何提高顾客的忠诚度方面有非常有效的实际参考作用。图1-6为电话订购的过程。

呼叫中心，作为企业面向顾客的前沿平台，它的好与坏在一定程度上决

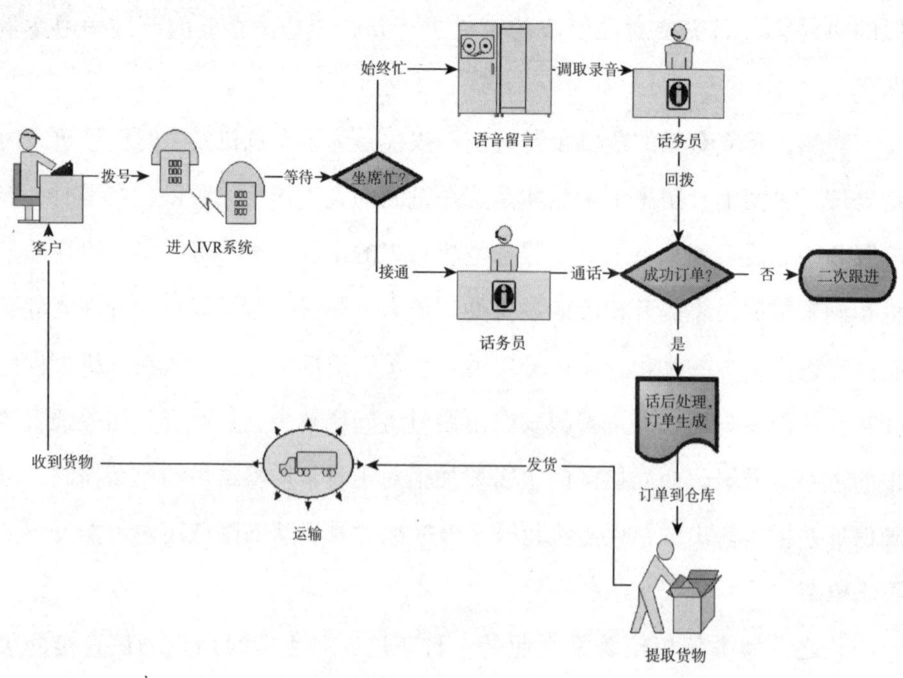


图1-6　电话订购过程

定了企业在消费者心目中的地位。那么，我们是否能够使用MOT的服务管理哲学来管理我们的呼叫中心呢？答案是肯定的。接下来，我们将尝试着分析如何使用MOT的服务管理哲学来提升呼叫中心的服务。

首先，我们先来假设有这样一个呼叫中心，它是以IB业务为主，顾客可以通过电话直接下单。那么从顾客的视角出发，他和这个呼叫中心所产生的接触可以如图1–6所示。

顾客与这家呼叫中心发生接触是从他拨号进入IVR语音排队系统开始，直至最终收到货物为止。在这一过程中，顾客主要与呼叫中心的接触可以分为三个阶段，即IVR阶段、通话阶段和话后处理阶段。

### 1.IVR阶段

在IVR阶段，顾客虽然没有直接与呼叫中心的坐席员进行联系，但IVR阶段对于顾客来讲，就像是初次见面的两个人，彼此产生的第一个印象可能就会导致之后的交往结果——尽管第一印象并不一定准确。那么，对于企业来说，如何让顾客在这一阶段感到满意，或者基本满意呢？我们要从IVR阶段的基本流程来着手考虑（图1–7）。根据这个流程，我们可以找出以下几个关键时刻：

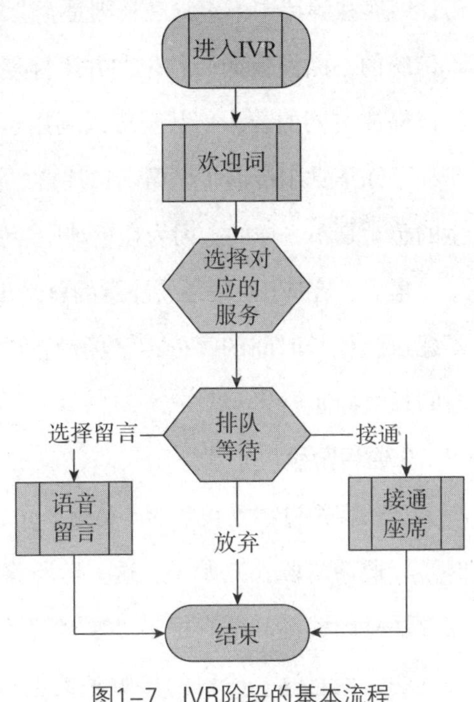

图1–7　IVR阶段的基本流程

关键时刻一：欢迎词是否简短但是能突出重点？

很多企业会选择在顾客进入IVR系统的时候播放一些商业信息，这本身是一种很好的行为，它可以让顾客清楚地知道他所要联系的企业的最新消息。但是，如果这则信息过长，却会造成顾客的厌烦，等下次再打这个电话的时候，他可能就直接按键跳过信息。如果是这样，企业还不如在一开始就不放商业信息，直接是“欢迎您拨打××客服热线，中文服务请选1，for English please Dial 2。”

关键时刻二：语音菜单的设置是否陇长？

曾经看到一则笑话，说是用户为了抗议×企业过长的语音菜单，当该企业在做满意度回访时，该用户故意模仿企业的语音菜单设置，让回访人员不停地按键。虽然这是一则笑话，但是它却从侧面告诉我们，合理的语音菜单设置是帮助顾客更便捷地找到解决问题的对象，烦琐的语音菜单选择却会导致顾客的急度反感，最终的结果就是不挺地按“0”或“9”键直到进入排队系统等待。

关键时刻三：你让顾客等待的时候做什么？

虽然，所有的呼叫中心都不希望让用户在ACD中等太久，但是，对于那些业务十分繁忙的热线电话来说，等待是必然的，不等是偶然的。那么，如何让顾客在等待中不感觉漫长则是企业在设置IVR结构时需要费心考虑的。除了传统的不断播放同一种乐曲并不停地重复“坐席忙”之外，企业完全可以尝试播放不同的音乐，甚至可以利用这等待的时间插播一些商业信息，让客户在不知不觉中接通了坐席。请注意，同样的1分钟，坐等和走路，两者所产生的感觉是不一样的。因为在运动中会觉得时间相对会变快。

最后，在IVR阶段还要注意的就是出口的设置，当客户进入排队系统后，不建议让他长时间的等待，宁可设置语音留言功能，也不要让顾客因为等待时间长而彻底放弃。

**2.通话阶段**

当顾客经过“漫长”的等待终于可以和TSR（一线客服代表）取得联系的时候，通话阶段就开始了。这一阶段将持续到顾客挂机为止。在通话阶段，需要注意的关键时刻有很多。顾客的任何一个疑问或者异议，处理过程都是关键的，而且这一阶段的接触最终会决定顾客对企业的忠诚度。然而，通话阶段的关键时刻又是相对比较难控制的，这将因TSR的经验、技巧以及企业的业务流程的不同而产生不同的变化。那么，有什么方法可以尽量提高这一阶段的顾客满意度呢?

最主要的还是业务流程。我们的业务流程是否是从方便客户的角度出发来设计的？有些时候，一个烦琐的流程使TSR不得不让顾客觉得要得到你们的服务其实很难。其次，是TSR对业务的熟练程度，一个业务熟练的TSR往往在沟通中能够触类旁通，不仅可以解决顾客的疑问，更能主动地向顾客推荐更适合他的产品，让顾客感觉到TSR是真心为自己着想。最后是TSR的沟通技巧，充满热情地与顾客交谈永远比无精打采的说话更能赢得顾客的心。要实现这些，就必须加强对TSR的业务、技巧等各方面的培训，并要做好电话的监控工作，从而做到及时发现并改正可能存在的不足，提高整体的服务水平。

**3.话后处理阶段**

话后处理阶段可以说是“看不见”的阶段。当顾客已经完成了电话订单后，他所要做的就是等待货物的送达。但是，对于呼叫中心来说，话后的处理却是一个很重要的关键时刻。话后处理阶段不仅仅是登记顾客的订货信息，而且包括了对于订货商品的库存确认及调配过程（图1-8）。在这一阶段所涉及的关键时刻有：

（1）关键时刻之填单：TSR是否正确填写了单据？不要以为这是一个简单的问题。当呼叫中心的来话量超过了一定上限后，TSR为了保证ACW的考核要求，有时候很可能会忽略他所输入的文字。这里，我们就需要考虑，在保证顾客信息正确的前提下，如何来满足ACW的考核。对于单据的设计或者填写要求则是这一关键时刻要考虑清楚的事情。

（2）关键时刻之存货调配：虽说存货的事情是和物流有关，但是，要告诉顾客他所需要的产品我们暂时无法提供的这一行为还是要由TSR来完成。因此，在这一关键时刻，TSR需要有足够的心理准备来应对顾客的不理解。而要避免这样不快的接触，企业需要做好其商品库存信息的正确统计，从而尽可

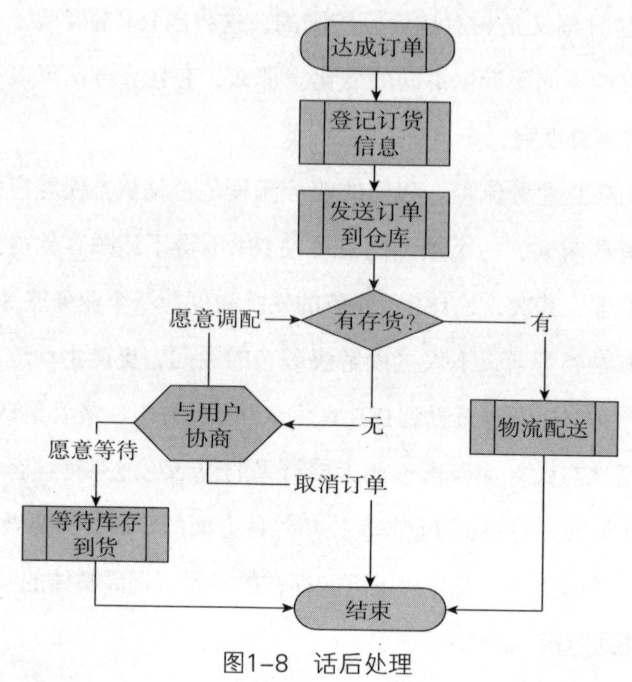


图1-8　话后处理

能地减少类似问题的发生。而一旦发生时，企业应该第一时间考虑到顾客的损失和需求。推卸责任是这一个关键时刻所必须避免的。

以上，我们简单地分析了如何在关键时刻的服务管理哲学指导下来看我们的呼叫中心服务。事实上，我们的分解是非常粗糙的。呼叫中心的业务和工作流程其实是非常复杂的，如果想真正地做到以顾客为导向的服务管理，它不仅仅是一线员工的服务哲学，更是企业负责人的服务哲学。而且，在实施这一服务哲学的时候，需要经过不断地优化流程，实施培训，并且时刻牢记从顾客的角度出发来看问题。这样的过程不是短时间内就能完成的，它很可能需要企业用数年的时间来最终实现。

关键时刻无处不在，当您在阅读这篇文章的时候，我就已经和您产生了文字上的接触，我的文字是否从您的需求出发？是否真正描述了您所关心的问题？这些关键时刻都决定了您对本文的看法。同样的，您的顾客在和您的企业接触时，也产生了类似的看法，这就是关键时刻的服务管理哲学。

# 附录7 让班前会"活起来"

班前会是运营管理中的一个重要组成部分，每天开线前，由一线主管组织自己的团队召开。一般来说，班前会主要是以业务传达、目标制定和工作提醒这几个主要模块构成，有时候也会有一些经验分享，但是由于班前会的时间通常都只有15~20分钟，因此，其内容都是比较精简的。也由于班前会的内容存在简单重复，所以，很多时候，我们可以发现，班前会的召开缺乏生机。那怎么让班前会"活起来"呢？

我认为，要让班前会"活起来"，让班前会真正成为调动员工工作积极性的动员会，关键还是在于一线管理人员的会议准备。虽然这个会只有短短一小时左右，但是如果安排合理，依旧会收到非常好的激励效果。

那怎么做好班前会的准备工作呢？是不是比员工早到公司就可以了？其实不然。一个成功的班前会，它的准备工作始于前一个工作日。由于班前会的时间紧凑， 要想让它变得更有效率，一线主管需要在前一个工作日结束的时候，就要想好下一个工作日的班前会需要做什么。除了常规的业务更新、目标制定外，一线主管在准备班前会的时候，可以设定一个激励主题，这个主题可以是关于绩效的，也可以是准备一个案例分享，更可以是邀请员工做一次简单的读书心得交流。我曾经看到一个主管给自己的团队推荐了一本励志的书，之后在班前会上分批组织组员进行读书心得分享，效果很不错。在确定了班前会的主题之后，一线主管还要事先准备下一个工作日需要发言的员工。为什么要这么做呢？如果在班前会上，当主管说"大家来发表意见吧！"结果没有一个人说话，试想一下，冷场后，怎么还能再热起来呢？如果发生了冷场，原本一个挺不错的开线前动员就会失去预期的效果。所以，无论怎么说，一线主管还是需要至少准备一个发言人，有了一个人，往往就会激励第二、第三个人发言了。

在前一个工作日有了完善的准备之后，第二个工作日，一线主管还是需要提前到公司，这时候需要核对一下前一班次是否有什么需要注意的重大事件，或者有些新的行政或业务通知需要传达。在一切准备工作就绪之后，一线主管可以提前5分钟进入班前会场。对于OB（电话呼出）团队来说，如果场地允许，可以利用这个时间，放一些激励音乐，让进入会场的组员听到音乐之后，人也随之振奋起来，这个方法，对早班班次特别有帮助。当然，班前会等待期间的激励音乐需要富有节奏感，能振奋人心。

会议开始，如果想让整个班前会始终保持活力，建议可以让组员站着开会，事实证明，站着开会比坐着更容易令人集中注意力。无论是早班还是晚班，开会的第一件事就是问候，一线主管首先就需要精神饱满地向大家打招呼，一声响亮的“早上好！”“下午好！”可以从一开始就调起员工的热情，同时也能够将饱满的精神面貌喊出来。然后，一线主管便要讲一下有关业务或绩效等方面的问题，之后再开始进入既定的会议主题。一线主管在整个过程之中，需要给予更多的鼓励和表扬，只要这样，今后才会有越来越多的员工参与。说到这里，有朋友或许会问，在班前会上只有表扬没有批评吗？是的，我认为，班前会的目的是给即将上线的员工鼓劲儿，让他们对于马上就要开始的工作有信心，如果在这个时候对某些之前表现不好的员工进行打击，这不但对他们当天的工作没有太大的帮助，而且也会让员工变得消极。我认为，对于员工的批评完全可以放在平时或者在一天的工作结束之后进行，没有必要挤在班前会这15~20分钟里面开展。班前会上更需要听到的是表扬和鼓励的话，从而帮助员工树立自己的自信，这一点对于需要OB的团队也是至关重要的。

15~20分钟的班前会很快就会结束，在结束之前，一线主管需要再次明确一下今日的业绩指标，明确员工各自的目标，无论是IB（电话呼入）还是OB都需要明确目标，只有目标明确了，才能够真正做好事情。最后就是散会，散会的时候建议可以喊一下队呼，让原本就情绪高昂的员工更加高昂。

通过上述的方法，我们可以让班前会变得更加精彩，让员工也更多地参与进来，并且唤起员工的积极性。当然，如果已经有了自己的团队激励活动的话，可以在班前会上公布最新的进展，从而让员工更关注这个活动，并更主动地参与其中。只有员工真正参与了，才会有好的激励效果！

# 后记　学习生态建设的构思

俗话说“活到老，学到老”。在如今信息大爆炸的时代，新的知识、新的技术、新的思想几乎每时每刻都会出现，人们如果不学习，很快就会面临被淘汰。所以，各行各业对于培训也是越来越重视。从传统课堂教学模式，到借用E-learning的数字化学习方法；从学习工作坊，到中国大学MOOC[1]；从碎片学习，到终生学习；每一个组织、每一个企业都对培训的热情出现前所未有的高涨。在这样的大环境之下，客户联络中心的培训也得到越来越多的重视。虽然，从实用角度出发，客户联络中心的培训到目前为止，还是偏重业务类的学习和训练，发展成长类的培训还是偏少。但是，客户联络中心的管理者们对培训的态度的确变得更加认同和支持。可是，新的问题又出现了。

客户联络中心的工作压力是很大的，排班管理是这个行业的一个重要特点。每一名一线客服代表每天的工作时间都是被规划好的：几点上线几点下线，中间的休息时长，一天的occupancy（员工利用率）要达到多少比重？在一些繁忙的客户联络中心，高峰时刻，为了保证接通率，一线客服代表甚至都要排队申请离线上厕所……在这样的前提下，培训时间成为很多一线客服代表可以多休息会儿的代名词。在培训的1~2个小时内，不需要应付众多的客户问题，还能相对轻松地坐着休息。这样的学习态度对于培训效果来讲就可

---

[1] MOOC，慕课是大规模开放在线课程，是“互联网＋教育”的产物。MOOC是以连通主义理论和网络化学习的开放教育学为基础的。这些课程跟传统的大学课程一样循序渐进地让学生从初学者成长为高级人才。课程的范围不仅覆盖了广泛的科技学科，比如数学、统计、计算机科学、自然科学和工程学，也包括了社会科学和人文学科。

想而知了。所以，新的问题就是，“如何保证培训效果，让管理者对培训的投入能够达到预期的回报？”

想要让培训效果能达到预期的回报，培训师们需要在课程设计、授课过程、课后落地几个环节做到位。或许，有学员是带着像上面所说的“培训时间是额外休息时间”的心态来上课，但如果培训课程本身设计得足够有趣吸引人，或者课程本身也有一定的学习压力，需要学员积极反馈的，学员的学习状态自然也会随之调整。而在课后，培训师配合质检、教练、班组长做好课程落地辅导，也是能够最大程度将培训所传授的知识巩固保存下来。并且，再通过录制教学视频，在夜班较长空闲时段，由班组长带领组员一起在学习平台上观看在线教学视频及完成配套练习，也是能加深和巩固学习记忆。所有这些方法，都是能从培训角度来尽可能保证培训效果的。然而，单从培训维度来保证教学效果，真正能提升员工绩效吗？是的，客户联络中心管理者们愿意在培训上给予投入，最终期望的回报还是要体现在绩效提升上。

客户联络中心的绩效，从组织层面来看，概括起来就是要保证接通率，降低投诉率。怎么保证接通率？说白了就是要让一线客服代表在最短的时间内解决客户的问题，然后服务更多的客户，无论客户是通过电话接入，还是在线接入。怎么降低投诉率？简单说就是提升问题的成功解决率和一次解决率。现在知道了绩效是什么，那么怎么来提升？基本的方式就是改善流程，优化管理，加强培训。培训虽是绩效提升的一个组成部分，但相比前两项，培训是耗费资源最少，看起来成效也是最快的。这也是很多客户联络中心管理者对培训的期望，他们都希望只通过一场培训就能带来变化。可事实是，哪怕培训像前面所说的都做到位了，我们依旧没法真的保证这个变化就一定会达到预期。因为，要提升绩效，培训做的其实就是告知方法并安排练习。但练习的实施不是一次两次就能提升的，而是要经常不断地巩固，这就需要员工自己有意识，需要班组长督促，需要质检有针对性的抽检，需要教练每天的跟进，更需要制度和机制上有一定的保障。瞧，培训只是这一整个过程中的一个环节，就像是生态系统中的一个组成部分，它的变化对生态系统的改变可能会有影响，但要最终让整个生态系统发生变化，需要各个相关方一起变化才能达成。

以前曾听人说过“学习是个人的事情”这句话既对也不对。说它对，是因为只有这个人自己想要学了，才能真正学进去。说它不对，是因为学习需要有一个适合的环境，在一个合适的学习环境下，学习才能获得最多的收获。同理，要让客户联络中心的培训投入产出效果达到预期，我认为就不能把培训单独地剥离出来看待，而是要将整个客户联络中心组织放在一起，作为一个完整的学习生态系统来考虑。

生态系统就是系统内的各个组成部分有着共同目标，相互支撑、共生，形成一个完整的闭环。将客户联络中心看成一个学习生态系统，就是因为，要通过培训来提升绩效，需要培训、运营、质检、流程等各个客户联络中心组成部门共同协助才能最终实现。那如何来构建这样的学习生态系统呢?

第一步，要从机制上予以保证。可以对现有的管理制度做些补充，要让学习的结果可以作为个人绩效考评的一部分予以纳入，如设置个人的年度学习课时数等。另外，要让现行的培训和日常管理流程实现闭环，如班会抽检前一天的培训知识点，又如培训结束后的连续三天质检针对培训知识点的掌握程度进行抽检等。

第二步，能有一个学习平台来支撑学习生态的运作。这个平台要把培训相关职能都可以覆盖了。而且，这个平台要和客户联络中心的质检系统、排班系统、知识库系统、运营系统、绩效管理系统等都进行打通，至少也要实现数据上的共享。

完成了以上两步，接下来就可以让学习生态运作起来。我设想了如下几种场景：

（1）新员工入职后需要先完成学习系统的职业锚评测，评测的结果会给员工描绘未来1~2年职业发展的规划，并且以此为基础，生成相应的学习地图，会要求员工在相应的发展节点上完成学习任务。系统会将评测结果偏向做管理的新员工作为储备人才导入储备人才库。客户联络中心的管理人员可以通过储备人才库了解相应储备人才的成长记录和学习动态，并可以手动添加或剔除储备人才库数据。

（2）每当有新的知识点在知识库更新后，学习系统会自动抓取最新知识点生成每日抽检练习。员工每日登录工作账号后，系统就会提示员工去学习最新的知识，并完成相应的抽检练习。练习完成结果会呈现给员工直属的班组长。

（3）质检结果会自动导入学习系统，由学习系统的分析模块提炼员工的质量缺陷，生成近期提升建议报告。同时在报告中，参考学习系统的课程库，推荐员工优先学习方向。此外，学习系统会通知知识库，将质量缺陷相应的知识点作为员工每日抽检的目标，也作为督促员工去完成缺陷提升学习的手段。这份缺陷提升建议报告也会发送给员工直属的班组长，作为班组长当月待办事项。只有最终完成缺陷提升学习，并通过检测练习后，班组长的待办事项才会变为完成状态。

（4）学习系统每个月的月头会展示当月推荐学习课程，每一个员工的推荐学习课程都是根据其自身的绩效情况由系统量身定制。员工可以在系统报名课程学习，系统会将员工报名信息与排班系统匹配生成合理的培训时间计划。之后，系统会在开课前一天通知排班师安排第二天的培训，并在培训当天员工登录系统后予以提醒。无论是线上课程还是线下课程，都会有学习记录产生，并且在课后会推送关联的随堂练习给员工。对于需要后续落地实践的学习内容，也会给对应的教练和培训师发辅导通知。全部练习实践都完成后，系统还会生成一份学习报告，并抄送给员工直属班组长。每个月底，员工会收到自己当月的学习报告，了解学习完成情况。

（5）学习系统会有一个任务模块，客户联络中心的管理者可以在这个模块上颁布任务，员工可以自己或和他人一起合作接任务。这些任务主要是帮助完善客户联络中心的管理或组织发展。完成任务的员工都会得到任务绩点，任务绩点可以作为员工月度绩效评测的加分项。此外，在相应的岗位学习任务中，也会有任务绩点达标要求。

以上这些场景，都是客户联络中心学习生态系统运作后的设想。学习生态建设就是要让员工能及时掌握最新知识，应用这些知识，并且通过学习不断提升自己的业务能力。同时，也让员工对自己的发展有更清晰的认识，伴随成长学习计划，一步一步完善自身，最终达成职业规划目标。而在帮助员工自我成就的过程中，也能让客户联络中心整个组织得到发展，使学习真正成为工作的一个重要组成部分。

学习，不仅仅是培训部门的职责，它也是整个组织的事情，更是每一个人自己的事情。